英文の詰まりをスッキリ解消！
イメージをなぞって身につける英語発想

英会話
イメージトレース
体得法

著者 遠藤雅義

英会話エクスプレス出版

contents

はじめに ... 6

第1章 日本語vs英語 モノの見方の違い ... 10

第1節 認知の順序が逆になっている ... 15
Coffee Break ... 20

第2節 日本語に「私」が出てこない ... 24
Coffee Break ... 28

第3節 日本語は受け身、英語は発信源 ... 31
1. 日本語では受け身は能動と同じくらい使われる ... 33
2. 英語には日本語的な受け身表現は存在しない ... 34
3. 日本語はリアクション、英語はアクションの連鎖 ... 38

Coffee Break ... 42

第2章 日本語のイメージの描き方 ... 50

第1節 枠や周辺情報 ... 50
1. 「〜は」 ... 52
2. 「時」 ... 55
3. 「場所」 ... 59
4. 周辺情報の注意点 ... 62

Coffee Break ... 65

第2節 中心情報 ... 66
1. 「〜が」 ... 66
2. 「〜に」 ... 70
3. 「〜の」 ... 75
4. 「〜を」 ... 80
5. 「〜のを」 ... 81

	Coffee Break	83
第3節	練習問題	85
第4節	【advance】日本語特有のムード表現	89
	Coffee Break	91

第3章 日本語のイメージから英語のイメージへの変換 ... 96

第1節	基本変換	97
	1 登場人物を場に出す	97
	2 中心から周辺へ（場所）	103
	3 中心から周辺へ（目的）	111
	4 発信源に注目する	115
	5 練習問題	119
	Coffee Break	131
第2節	文の要素を変換する	134
	1 受け身の知覚表現	134
	2 存在表現	138
	3 場の背景（状況）	142
	4 場の背景（時）	146
	5 練習問題	149
	Coffee Break	161
第3節	文全体を変換する	166
	1 感情を表す表現	166
	2 予想外な事態を表す表現	171
	3 無生物主語	176
	4 練習問題	181
	Coffee Break	193

contents

第4節　まとめ 199
　　　Coffee Break 201

おわりに 204
おまけ 206
参考文献 210
スペシャルサンクス 212

はじめに

「英語が話せるようになりたい」─そう思って英会話レッスンをはじめてみたけれど、簡単なことさえ詰まって出てこない。

そんな歯がゆい思いをしたことがある方は多いのではないでしょうか？ なぜ私たち日本人はこんなに英語に苦労しなければいけないのでしょう。

語彙力が足りないから？ リスニング力が足りないから？ 英語のセンスがないから？ そのような疑問に対して、英語学習本も様々な解決策を提示してきました。しかし、これまでの英語学習本には、決定的に欠けているものがあったのです。

それは日本語と英語のモノの見方の違いを真正面から取り上げることと、日本語的なモノの見方から英語的なモノの見方に変える方法を伝えることです。

みなさんが英語を学ぶ最終ゴールは、「英語を英語のまま理解し、英語を思いのままに使えるようになること」だと思います。その学習過程において、母語である日本語の影響なしに英語を取り入れることができれば一番効率的でしょう。しかし、そういうわけにはいかないのが言語習得の難しいところです。

普段は意識すらしていませんが、私たちは何かを言おうとしたときに日本語的なモノの見方を元に文章を組み立てています。そのような私たちの英語に、日本語的なモノの見方が反映されてしまうのは当然のことなのです。

たとえば、「東京の渋谷のハチ公前で友だちと待ち合わせをしています」という日本語、これは違和感のない文章ですよね。では、「ハチ公前の渋谷の東京で友だちと待ち合わせをしています」という文章はどうでしょうか？

　大変違和感がありますよね。東京都の渋谷駅前にハチ公の銅像があることを知っている人からすれば、「ハチ公前の渋谷の東京」という表現ではイメージをつくりあげられないからです。

　なぜこうなるかというと、日本語では「東京」→「渋谷」→「ハチ公前」と大きいモノから小さいモノへ範囲を狭めていくのが自然だからです。つまり、私たちは大きいモノから小さいモノへという順番で物事を認識しようとする癖があるということでもあります。「ハチ公前の渋谷の東京」という小さいモノから大きいモノへ視点を移していく動きは、私たちの認識の順番に逆行しているので、イメージをつくりあげられないのです。

　私たちが英語を話すときにも、何もしなければ、このような日本語的なモノの見方が反映されます。そして、日本語的なモノの見方と英語的なモノの見方が似通っていればよかったのですが、残念ながら両者は大きく異なっているのです。

　日本語的なモノの見方のどこを変える必要があるのか、変えなくてよいのはどこか。それを知ることがファーストステップです。そして日本語のイメージから英語のイメージに変える練習を繰り返して、英語的なモノの見方を身につけていきましょう。

　日本語と英語の良さを理解し、両方ともうまく使いこなせるようになる。本書がそのような手助けになればと願っています。

Coffee BreakとNoteについて

　本書では節目ごとに Coffee Break（ひと休み）を、補足内容に Note（メモ）を設けています。

　Coffee Break、Note の登場人物は著者の遠藤とアシスタントの今井くんです。今井くんは大学院で研究のかたわら留学生のお世話をしていました。日常英会話には不自由していませんが、英文法はいまでも苦手です。本書でもそのような立場から意見を述べています。趣味は武術です。

English Proofreadingについて

　本書に掲載している英文は複数の校正者によるチェックを行っています。しかし、自然な英語にすると解説しにくくなることがあり、許される範囲で英文に手を入れています。

　英文に手を入れた場合、English Proofreading（英文校正）コーナーを設けて、なぜその英文にしたのかを説明しています。English Proofreading には校正者を代表してバイリンガルの中村くんに登場してもらっています。

例文に登場する主な人物

●高木太郎 / Taro（11）
　とても気の優しい元気な小学5年生の男の子。母親の恵子からおつかいを頼まれては、いつも文句を言いながらもテキパキと用事をこなしています。父親の守とは男同士、なぜか馬が合うようです。

●小林信一 / Shinichi（11）
　太郎のクラスメイトで親友。マンガが大好きで信一の本棚はマン

ガで埋め尽くされています。太郎と同じサッカー部に所属しています。

●高木恵子 / Keiko（37）
　太郎の母。太郎や守にいつも文句を言っていますが、実は家族思いの優しいお母さんです。ただ、ちょっとケチなのが玉にキズかもしれません。

●高木　守 / Mamoru（39）
　太郎の父。車が趣味の普通の会社員です。恵子によくガミガミ言われますが、たいてい右から左に聞き流しています。守はそろそろ車を買い換えたいようですが……。

第1章
日本語 vs 英語
モノの見方の違い

　さっそく日本語と英語でどのようにモノの見方が違うのか確認していきたいと思います。まず次のストーリーを読んでください。

```
（公園にて）
太郎　　そういえばさぁ、昨日、学校で先生に怒られたんだよね。
信一　　また授業中に寝てたりしたんだろ？
太郎　　違う違う。消しゴムのかすを横のヤツに投げてたら怒られたんだ。
信一　　そりゃ、怒られるだろ（笑）
```

　この場面から例文をピックアップして解説していきます。ピックアップする例文は次です。

「昨日、学校で先生に怒られた」
The teacher got angry at me at school yesterday.

　日本語と英語それぞれに細かい違いはありますが、最終的に言っている内容は同じですね。では、日本語のイメージと英語のイメージを並べてみましょう。

日本語「昨日、学校で先生に怒られた」のコマ送りイメージ

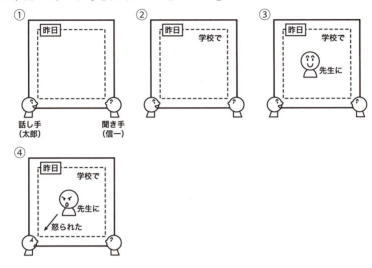

英語 The teacher got angry at me at school yesterday. のコマ送りイメージ

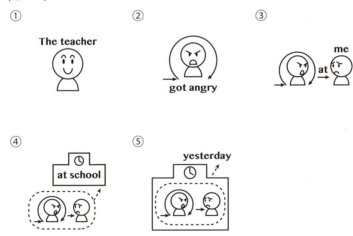

どこが違っているか、日本語と英語のコマ送りイメージの違いをリストアップしてみます。

・日本語の最初と英語の最後が逆の流れになっている。

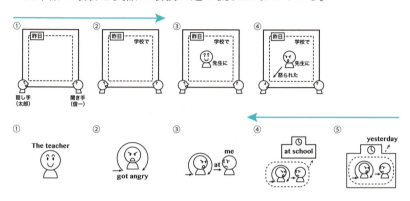

・英語にはmeがあるが、日本語には対応する言葉がない。

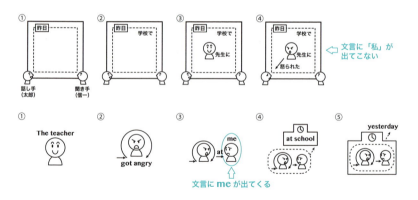

・日本語は「先生に怒られた」と受け身になっているが、英語はThe teacher got angry at meと受け身ではない表現（能動文）になっている。

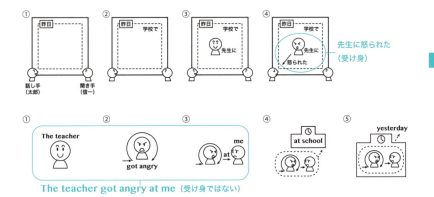

　これらの3つの違いを題材に、日本語と英語におけるモノの見方の違いについて詳しく見ていきたいと思います。

English Proofreading

中村　The teacher got angry at me... という英文ですが、英語では The teacher と言うことはありません。セリフの前提として、登場人物の太郎と信一は同級生であり、どの先生の話をしているのか明らかだと思うので、たとえば田中先生のことであれば、Mr. Tanaka got angry at me... のように表現するのが普通です。

遠藤　そうですね。Mr. Tanaka にするかどうか検討したんですが、そうすると読者の方が「先生」と Mr. Tanaka という英単語の違いにばかりに気をとられてしまって、より重要な日本語と英語のコマ送りイメージの違いに集中できないだろうと考えました。そのため、英語としては少し不自然ですが、The teacher と表記することにしました。

中村　なるほど。あと、got angry at という表現も違和感があります。太郎は小学生なので、普通は The teacher got mad at me... と言いそうですね。

遠藤　それも悩ましいところだったんですが、got mad よりも got angry のほうが私たち日本人にとって「怒る/怒られる」を対比するときにわかりやすいと判断して、got angry のほうを採用しています。

中村　一応、英文校正者として述べておくと、got angry は大人同士のやり取りのほうがしっくりきます。たとえば、The client was angry at the sales manager for providing damaged goods.（顧客は不良品を提供されたことに対して、販売マネージャーを怒りました）というような場面で使われますね。

遠藤　補足ありがとうございます。このあとも、このような単語レベルで日本語と英語の間にズレが発生するところが出てきますが、本書は「モノの見方の違い」を取り扱うのがテーマなので、基本的に許される範囲で**日本人にとって引っかかりにくい表現を採用**します。予めご了承ください。

第1節　認知の順序が逆になっている

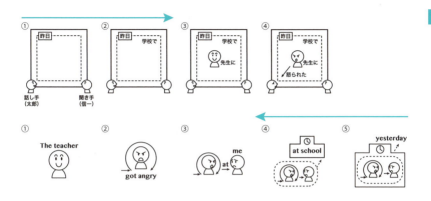

日本語と英語、それぞれの全体イメージを描いて、詳しく順番をみてみましょう。

・日本語の全体イメージ

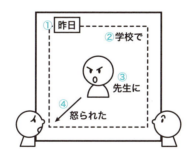

・英語全体イメージ

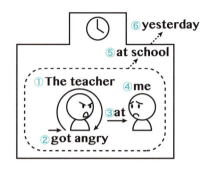

　日本語は周辺から中心に向かって1、2、3、4と順番付けられているのに対して、英語は中心から周辺に向かって1、2、3、4、5、6と順番付けられていることがわかりますね。
　このように日本語は「周辺から中心へ」言葉を並べていく、英語は「中心から周辺へ」単語を並べていくという大きな方針があります。

　これと合わせて、よく説明されるのは「動詞」の位置です。日本語では最後のほうに動詞が述べられるのに対して、英語では最初のほうに動詞が述べられるというものです。

動詞の位置・順番

これは正しい指摘ですが、私たち日本人が英語を話すときに「動詞」よりも、もっと気をつけるべき点があります。それは、さきほどの例文で言えば「昨日 / yesterday」です。

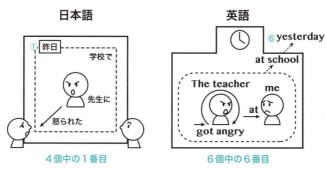

昨日 / yesterday の位置・順番

日本語　　　　　　　　英語
4個中の1番目　　　　　6個中の6番目

　英語では yesterday が 6 番目に述べられるのに対して、日本語では「昨日」が 1 番目にきていますね。実は、日本語で「昨日」が 1 番目にくるために、私たちは英語で「昨日、学校で先生に怒られた」ということを言おうとしたとき、yesterday から始めてしまいやすいのです。yesterday から言わずにはいられないと言ってもいいかもしれません。

　なぜでしょうか？　その理由は、**日本語の世界では「周辺」で述べられることが文脈に影響を及ぼすからです**。

　先ほど挙げた例文で「学校で」という言葉があります。これは「学校」という状況設定をしているわけです。そのため、そのあとの内容は学校で起きることに自動的に絞られます。私たちにとっては当たり前のことですよね。

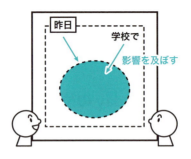

　別の例も挙げてみましょう。ある女子高生が「明日、渋谷の映画館で……」と言ったとしましょう。私たちは、この時点である程度、話の内容を推測することができます。

　まず「明日」なので予定や約束などについての話でしょう。次に「渋谷」ですが、渋谷は若者の街であり、そのイメージに沿った話になりそうです。最後は「映画館」なので、もしかすると「恋人とのデート、もしくは女の子同士のお出かけの約束」かもしれないと登場人物まで推測できます。

　このように日本語では周辺で述べられることが文脈に制限を加えていきます。そのため、十分に内容が絞られていれば、最後の結論まで述べなくても伝わるようなパターンも出てくるのです。

　一方、英語ではどうでしょうか？　英語における yesterday や at school には、そのあとの内容を絞る働きはありません。

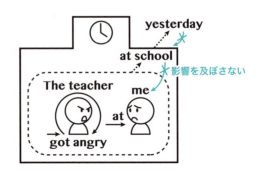

それは、英語では yesterday や at school の前に、既に起きたこと（The teacher got angry at me）が述べられているからです。そのため yesterday や at school は、純粋に場所や時を表すだけの働きしかしていないわけです。

　私たち日本人は英語を話すときにも、ついつい日本語的な感覚から周辺の yesterday や at school から始めてしまう傾向があります。
　しかし、yesterday や at school から始めた途端に、どんどん範囲を絞っていこうとする日本語的な発想になってしまい、英語的な世界観に乗れなくなってしまいます。その結果、そのあとの単語を続けにくくなるわけです。
　英語に取り組むときは「範囲を絞っていく」という日本語的な発想方法をやめることが１つのポイントになります。

☕ Coffee Break

日本語と英語の世界観は異なる

遠藤 私が一番問題だと思うのは、私たち自身が日本語の世界観についてちゃんと学んでいないということです。日本語の文法って、あまり聞いたことがないと思いますが、今井くんは日本語の文法について何か知っていますか？

今井 愚問ですね。国語の成績はひどいものでしたよ。

遠藤 それは失礼しました（笑）一般的に英語と日本語の文法の違いがどうなっているかは、次のように説明されるんです。

英語の基本は、S（主語）V（動詞）O（目的語）
日本語の基本は、S（主語）O（目的語）V（動詞）

　たとえば「先生が私を怒った」だと、「先生」がSで、「私を」がO、「怒った」がVとなるわけです。

今井 ふーん。そうなんですね。

遠藤 しかし、私はこれが日本語の基本だと説明されることに強い不満をもっているんです。ストレートな言い方をすれば、こんなのありえないって思っているわけです。

今井 なぜですか？

遠藤 たとえば、今井くんが久しぶりに会った同級生と話しているとしますね。そのときに今井くんは相手に「先生が私を怒ったんだー」なんて言うでしょうか？

今井 ちょっと変ですね。何が変なんだろう？「私」が表現されているから？

遠藤 それもありますが、普通は「昨日、学校でさぁ」のような場面設定から入るはずなんです。それがないと「先生が」という登場人物が突然出てきて、聞き手はとても振り回されてしまいます。

今井 言われてみたらそうですね。友だちからいきなり「先生が私を怒っ

たんだ」と言われたら、なんだいきなりって思いますね。

遠藤 私がこういう説明で不満に思うのは、そういう「昨日」や「学校で」を重要なものとして扱っていないこと。**むしろ、そこが日本語的な世界観では重要なところなのに**……と思うんです。

今井 確かに。なぜ、それらを扱っていないんでしょうね。

遠藤 憶測ですが、それは英語的な世界観にもとづいて日本語を分析してきたからだと思います。どういうことかと言うと、元々英文法の世界のものであった S（主語）や V（動詞）、O（目的語）などを日本語に無理やり当てはめて理解しようとしているということです。

今井 なるほど。それで思い出したことがあります。むかし、ネイティブ*から「日本語には主語がないことがあるけれど、みんなどう理解しているの？」とよく聞かれたんです。これは主語が必ずある英語的な世界観を前提とした質問ですよね。

　でも、僕は「日本語の主語」って言われてもピンとこない。だって、日本語では主語なんてあったりなかったりするものですから。そのときはネイティブにうまく説明できませんでしたが、**そもそも違う世界観の文法を当てはめること自体に無理がある**んですね。

遠藤 そうですね。もちろん言語の構造を比較するのは重要なことで、そこからたくさんのことがわかるとは思います。でも、英語が SVO から始まるからといって、それに合わせて「日本語の基本形は SOV だ」と言うのは、英語に合わせすぎだと思うのです。

　それに、日本語では SOV が出てくるにしても最後にくるもので、英語とは文の中で果たす役割が違います。文という全体で見たときには、同列に並べられるものではないのです。

* 本書では「ネイティブ」で英語ネイティブ（英語を母語とする人）を表すものとします。

日本語的な発想は英語の自然な流れに逆行する

今井 日本人は yesterday からはじめてしまいがちだという話ですが、これは本当にそうだと思います。自分も英会話で詰まってしまうことがあるんですが、たいてい yesterday みたいなものをもってきて、次の言葉が出てこなくなってしまっているんですよね。

遠藤　最初にyesterdayと言ってしまった瞬間に、日本語的な発想でそこから範囲を狭めようとしてしまいますからね。でも、英語にはyesterdayから言い始めて範囲を狭めていこうとしても、間をつなぐ単語がないのです。

今井　日本語で言えば「ハチ公前」→「渋谷」→「東京」という矢印の部分に当てはまる言葉が存在しないってことと同じですね。

遠藤　だから英語では最初の単語として何をもってくるかが非常に重要なわけです。中心となる単語をちゃんともってこないと、それ以降の英文がつくれないことになってしまいます。

今井　そうですね。僕も英会話でyesterday → school みたいな日本語的発想をしてしまうときがありますが、エスカレーターを逆向きに歩いているような感じになって、すごく前に進みにくいんですよね。

遠藤　それはやっぱり英語がもつ自然な流れに逆行しているからなんでしょうね。

日本語と英語における「モノの見方」の違いが大事

今井　こういう日本語と英語の違いを真正面から取り扱っている本ってあまりないですよね。

遠藤　そうですね。SVなどの五文型から始まる英文法の参考書が良い例ですが、いきなり英語の世界にスタート地点をもってくるパターンが多いように思います。

今井　中学校で初めて英語を学んだとき、血が通っていない無機質な印象を受けたのを思い出しました。

遠藤　普段使っている日本語とまったく違うって感じてしまいますよね。

今井　同じ人間が使う言葉とは思えないみたいな（笑）そうそう、学校で習った英語ってリアリティーが感じられなかったんですよね。出てくる英文の日本語訳も全部「ですます」調ですし。僕はひねくれものなので、ネイティブがこんなきれいな連中ばかりのはずがないって感じていました。

遠藤　学校英語を習っているとネイティブが日常生活で話している言葉

が全然想像できないですよね。でも、ネイティブだって私たちと同じように「どうでもいいこと」を話していますし、見ている世界だって同じ「ありふれた日常生活」なんです。**それを見ていく、表現していく順序が私たちと違うだけなんです。**

今井　同じモノを見ているって言われたら、なんだか急に親しみを覚えますね。まあ、僕は大学時代にネイティブとバカ話ばかりしてきたので、彼らが特殊だという感覚はありません。でも、考え方が日本人とは違うなぁと思ったことは何度もあります。それはもしかしたら、言語からくるモノの見方が違っていたのが原因だったのかもしれないですね。

遠藤　私はこの「モノの見方」の違いについてもっと英語教育で扱われるべきだと思っています。そういえば今井くんは言語習得の臨界期説というものを知っていますか？

今井　小学校高学年くらいまでに英語を習っておかないとネイティブ並の英語は身につかないという説でしたっけ？

遠藤　そうです。これも私は**年齢で言語習得できなくなるのではなくて、そのくらいの年齢になったらモノの見方が固まってしまうからだ**と思っています。

今井　そうなのかもしれませんね。そうであればこそ、中学でこういった日本語と英語における「モノの見方」の違いを習うのは、自分自身のモノの見方や考え方を知ることにもつながって面白いかもしれませんね。

第2節　日本語に「私」が出てこない

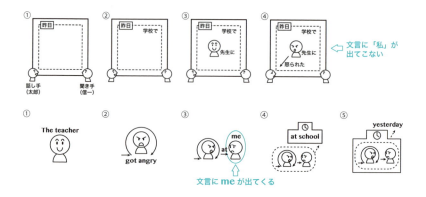

　英語には The teacher got angry at me にあるように me が出てきますが、日本語では「先生に怒られた」と me に対応する「私」という単語がありません。これは日本語と英語のどのようなモノの見方の違いに由来しているのか見てみましょう。

・日本語の全体イメージ

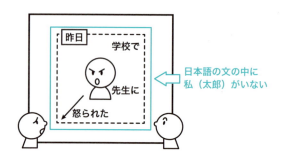

　日本語の全体イメージを見てみると、私（太郎）は枠内（言葉で明示的に表現されている部分）にいない状態です。このような日本語のイメージをたとえるならば、ゲームセンターによくある、手元の銃で画面上の敵を倒していく「一人称ゲーム」のような画面と言

うことができます。

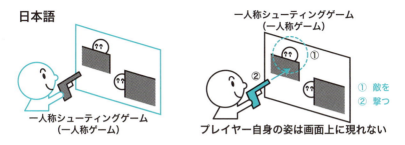

「一人称ゲーム」では画面はプレイヤー自身の視界そのものになり、プレイヤーの全体像は見えません。要するにプレイヤー自身を場に埋め込んでしまっているわけです。

・英語の全体イメージ

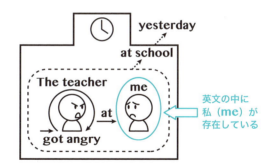

一方で、英語の全体イメージでは、太郎は me として全身が映っています。このような英語のイメージをたとえるならば「インベーダーゲーム」のような画面と言うことができます。

① 自機が
② 撃つ
③ 敵を

プレイヤーを表す自機が画面上に見える

「インベーダーゲーム」ではプレイヤーを表す自機が画面上に映ります。要するに「自機」も「敵機」も同じ1つの登場人物として出てくるわけで、本来自分自身には見えないはずの「私」が場に出てきているわけです。

・日本語では省略が多い

　日本語では「私」以外にも登場人物を場に埋め込むことがあります。次の例文でそれを確認してみましょう。

```
（信一がマンガを持ってきて）
信一　　これ貸してあげるよ。
太郎　　まじで！　やったー。

Shinichi   I can lend you this manga.
Taro       Are you sure? Great!
```

　日本語では「これ貸してあげるよ」ですが、英語ではI can lend you this manga.（僕は君にこのマンガを貸してもいいよ）と言います。
　日本語では話し手である「僕」以外に、目の前にいる「君」や手に持っている「マンガ」も場に埋め込んでしまって、言語化しない

のが普通です。目の前にいる・あるのだから言う必要はないという感覚です。

　もちろん日本語で「これ君に貸してあげるよ」と言うことはできます。しかし、その場合はわざわざ「君に」を場に浮き上がらせているので、何か意味があってそう言っていると解釈するのが普通です。そのような余地が含まれてしまうわけです。
　それはたとえば「他人には貸さないけれど君には貸すよ」というニュアンスかもしれません。このあたりは文脈から推察するものなので一概には言えませんが、ストレートに「これ貸してあげる」と言うよりも何かの意図を含みやすいということになります。（何も含まないパターンもありえます）

　一方で英語では、そもそも誰かの視界を前提としていません。ある意味、真っ白なキャンバスに絵を書いていくような感じで、そこに you がいるのであれば、当然 you と表現しなければいけません。
　また manga もそこに存在する以上、英語では this（これ）だけでは不十分で this manga（このマンガ）と表現しなければいけないわけです。登場人物はモノも含めて言語化しなければいけないのです。

☕ Coffee Break

学校の英文法や英文読解の大きな間違い

今井 いまの説明を聞いて思い出したのですが、中学生の頃、英作文に困って、英語の成績がいい友だちに「どうすればいいの？」って聞いたことがあります。そうしたら、「わからなかったら、逆から英語に直していくといいよ。英語と日本語は逆だから」って言われたんです。「なるほど」と思って、実際にやってみたんですが、うまく英作文できなかった。いまにして思えば、日本語では登場人物がけっこう省略されていたからなんじゃないかと思いました。

遠藤 日本語に出てきていない人物は、逆にしたところで字面上は存在していないから、英語にできません。逆に言えば、英語では登場人物をすべて表に出さなければ歯抜けになってしまうということですね。

今井 英作文する前に、日本語の「先生に怒られた」を「私は先生に怒られた」にしないといけなかったわけですね。

遠藤 自然な英語 The teacher got angry at me at school yesterday. を日本語訳すると「先生は、怒りました、私に向かって、学校で、昨日」となりますが、これだとテストでは○をくれませんよね。そこで組み替えていって「昨日、学校で先生は私を怒った」、これをもっと自然な日本語にして「昨日、学校で先生に怒られた」となるわけです。このように**日本語としての自然さを追求すればするほど、自然な英語からは離れていってしまう**のです。

今井 それはすごく重要で、ぜひ知っておいて欲しいことですよね。というのも、大学でネイティブと日本人のグループで話しているときに、ある英語の成績が良い男子学生の話す英語がすごく不自然だったんです。もちろん、日本人英語なので僕は言いたいことがわかりましたが、ネイティブはよくわからなかっただろうなって。そのとき、彼は英語を日本語訳するのはうまいんだろうけど、英作文は苦手なんだろうなって思いました。

遠藤 学校の英文法や英文読解って、英語を日本語の世界観で捉えよ

うってことですからね。それに習熟すればするほど、英語を日本語の世界観に押し込んでしまい、英語の世界観をつくる障害になってしまうんです。ある意味、悲劇みたいなものですね。

今井　近づこうと努力すればするほど遠ざかっていくみたいな感じですね。

日本語的な世界から英語的な世界への移り方（今井ver.）

今井　英会話の初心者だった頃、主語に何をもってくるかがずっと課題だったんです。特に「私」が関係する場合が難しかった。たとえばさっきの「先生に怒られた」は、やっぱり「私」が中心だと感じていたので、「私」を主語にもってきて I was scolded by the teacher. とするのが当然だと思っていたんです。

遠藤　何がきっかけで変わったのですか？

今井　一人称ゲームをチームでプレイしていたときに、仲間のネイティブが敵に撃たれたんですね。そのときに仲間のネイティブは He shot me! って言ったんです。これがきっかけでした。

遠藤　どういうこと？

今井　僕から見たら、敵（he）が・撃つ（shot）・仲間のネイティブ（me）を、という流れがきっちり見えたんです。

このときに、「あっ、**自分のことを言うときでも、一旦ほかの人に乗り移って、そこから自分自身を見ればいいんだ**」って思ったんです。

遠藤　すごいですね。第三者に乗り移ってしまえば、me って表現でき

るようになりますもんね。いまでもそういう風に第三者に乗り移って、モノを見るようにしているのですか？

今井 いえ。最初はそうだったんですが、次第に第三者に乗り移らなくても、英語が話せるようになっていったんですよね。理由はよくわからないんですが。

遠藤 今井くんの「第三者に乗り移る」というのは、日本語的なモノの見方をうまく応用していると思います。というのも、日本語は場に臨席するように物事を表現するので、第三者の視点に乗り移るのは比較的やりやすいからです。

　ポイントは、そうすることで「私」を客観視できるようになったということなのでしょうね。やっぱり日本語で難しいのは「私」の存在ですから。

　そうして、「私」を客観視することに慣れていって、次第に「他人」に依存しなくても全体が見えるようになっていったのでしょう。つまり、**神の視点のような俯瞰図で物事が見えるようになっていった**んだと思います。今井くんは日本語的な世界観をうまく活用して、英語的な世界に渡って行ったんですね。

今井 そう言われるとそうかもしれません。当時は必死に英語を話そうとしていただけなので、そこまで考えていたわけではありませんが。

第3節　日本語は受け身、英語は発信源

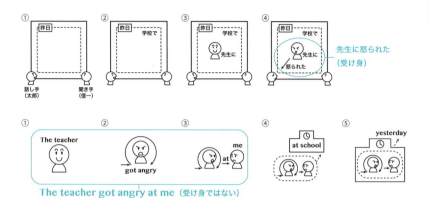

日本語では「怒られた」と受け身ですが、英語は The teacher got angry at me と受け身ではない文（能動文）になっています。これについても、日本語と英語でどのようなモノの見方の違いに由来しているのか確認しましょう。

・日本語の全体イメージ

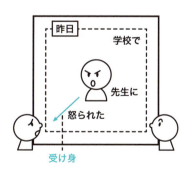

・英語の全体イメージ

　この日本語が受け身の表現になっているのは、話し手である太郎の視点から物事を捉えているからです。太郎から見れば「先生に怒られた」と表現するのが自然だということです。

　一方で、英語が受け身ではない表現になっているのは、誰かの視界を前提とすることができないからです。そのため The teacher got angry at me... と、どちらからどちらへの動作かを表現しているわけです。

　このことをもう一歩進めて考えてみると、日本語は誰かの視点から物事を述べようとするので、**「視点」に依存している言語**だと言えます。一方で、英語は動作の方向性に注目して物事を述べようとするので、**「発信源」に依存している言語**だと言うことができます。

　また、ここから次の2つのことがわかります。

1. 日本語では受け身は能動と同じくらい使われる。
2. 英語には日本語的な受け身表現は存在しない。

　これらの特徴について詳しく確認していきましょう。

1 日本語では受け身は能動と同じくらい使われる

　日本語は「視点」に依存していて、受け身は能動と同じくらい使われると述べました。このことを次のストーリーで確認しましょう。

（銭形警部がルパン三世を捕まえて）
銭形　　ガッハッハ。とうとうルパンを捕まえたぞ！
ルパン　あっららー。

---

a. ルパンは銭形に捕まえられた。（受け身）
b. 銭形はルパンを捕まえた。（能動）

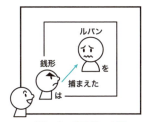

　例文 a、b は同じ内容ですが、誰視点なのかが違っています。例文 a はルパン側の立場から述べられた文章で、例文 b は銭形側の立場から述べられた文章です。

　たとえば銭形警部の上司が、「ルパンは銭形に捕まえられたようだ」という例文 a に近いセリフを言ったらおかしいですよね。普通は銭形の味方なのであれば例文 b に近い「銭形はルパンを捕まえたようだ」となるはずだからです。

　このように日本語ではどちら側についているのかによって受け身文になるのか能動文になるのかが変わります。つまり日本語の受け身文は能動文と同じくらい使われるものなのです。

2 英語には日本語的な受け身表現は存在しない

さきほど、英語は誰かの視界を前提とすることができないこと、またどちらからどちらへの動作なのか発信源に注目して表現することを述べました。ここから、英語には日本語的な受け身表現は存在しないという特徴がでてきます。

日本語的な受け身表現とは、「先生に怒られた」や「銭形に捕まえられた」のようなもので、これらは怒る行為や捕まえる行為が向かってくるイメージで描かれます。

しかし、これら「行為が向かってくる」イメージは「誰の視点」なのかが設定されていて初めて描けるものです。**誰の視界も前提としない英語では「行為が向かってくる」という表現そのものが使えない**のです。そのため、日本語的な受け身表現はそもそも英語には存在しないということになるのです。

▼Note 学校で習った「受け身」は何なのか？
今井 ちょっと待ってください。それでは、学校で習った受け身は何者なんですか？
遠藤 あれは確かに受け身のニュアンスを含んでいますが、日本語的な受け身表現とは違うものなのです。

今井　どういうことですか？

遠藤　ポイントは、**日本語の受け身表現は「動作」イメージですが、英語の受け身表現は「状態」イメージ**だということです。

　例を挙げて説明しましょう。学校で習うような受け身文としてI was attacked by a dog. を取り上げますね。これを今井くんはどう訳しますか？　イメージもイラストで描いてみてください。

今井　日本語訳は「私は犬に襲われた」ですよね。イラストはこんな感じかなと思います。

遠藤　まず訳ですが、実はそれだと正しくないのです。本当は「私は襲われた状態だった、犬に接して」なんです。

今井　日本語に不慣れな人の言葉みたいですね。でも、僕の訳と何が違うんですか？　だいたい一緒のような気がしますが。

遠藤　イメージで捉えるとわかりやすいです。さっきの英文の正しいイメージは次のようになります。

日本語の「私は犬に襲われた」というイメージと比べてみましょう。

　描いてもらったイラストだと、was attacked by が「動作」みたいになっていますが、実際には was attacked は「状態」を表しているのです。今井くんが「動作」のようなイメージを描いてしまった理由は、日本語訳「襲われた」に引きずられたからですね。

今井　なるほど。was attacked が状態を表しているという説明ですが、それは I was attacked. が I was young. のような文と同じだと思っていいということでしょうか？

遠藤　そうです。attacked には形容詞のニュアンスが含まれていて、be動詞との組み合わせでは形容詞的に捉えて差し支えありません。

今井　あと、attacked に「襲われる」といった受け身の意味があるということでいいですか？

遠藤　「襲われる」という動作的な受け身の意味があると考えるのはよくありません。単語の意味としては「襲われた状態」と捉えるほうが勘違いしなくて済みますよ。

今井　そうか。「状態」でしたもんね。強く意識しておかないと、すぐ動作的な意味に捉えてしまいますね。

遠藤　正確に言えば、過去分詞 attacked の意味は「attacked な状態」なんです。意味としては「襲われた状態」以外に「襲った状態」も含みます。共通しているのは、どちらも「完了状態」を表すということです。

今井　すみません。頭が混乱してきました。

遠藤　いまのは無視してもらってかまいません。過去分詞のイメージについては前著『英会話イメージリンク習得法』で詳細な解説をしているので、そちらを参照してください。

今井　わかりました、一旦無視させてもらいます。あと by を「接して」と訳していましたが、それだと全然受け身じゃありませんが、どうなっているんですか？

遠藤　たとえば、今井くんがたき火に手を近づけて接したら、どうなりますか？

今井　もちろん熱くて手がやけどします。

遠藤　当然そうなりますよね。それと同じで、by の基本は「近づけて接する」なのですが、接した結果として影響を受けることも含むのです。だから、これも間接的な受け身表現というわけです。

今井　なんだかまどろっこしいですね。

遠藤　そうですね。だから、英語ではあまりこういう受け身は使いません。普通は A dog attacked me. と表現します。これだと日本語と同じく「動作」を表すことにもなります。

今井　そうか。たとえ自分自身に向かってくる動作でも、**英語は自分の視界すら前提としないから、その動作を表すにはどちらからどちらへ向かうのかで表現するしかない**んですね。

遠藤　うん、そういうことです。

3 日本語はリアクション、英語はアクションの連鎖

　日本語では受け身は能動と同じくらい使われる一方で、英語には日本語的な「誰かの視点を基準として、動作が向かってくる受け身表現」がないことを説明しました。

　英語の世界から見れば、日本語は受け身表現を多用しているとも言えるわけですが、これをもう一歩進めて考えると、**日本語は「リアクション」の言語**だと言うことができます。

　そのような日本語に対して**英語は発信源からの行為が連鎖する「アクション連鎖」の言語**だと言えます。ここでは、この特徴について例文で確認してみましょう。

「暑さで体がだるい」
The heat makes me tired.

　夏、自分の周りの空気がムシムシとして暑く、体がだるい。この感覚をイメージで描くと次のようになります。

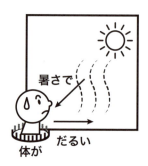

　このイメージのポイントは、最初の「暑さで」という場面設定自体から、話し手は影響を受けていることです。

　そして、そのうえでリアクションとして「体がだるい」と述べている形になっています。これをモデルで表すと次のようになります。

日本語モデル「リアクション」

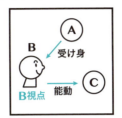

矢印が向かってきて、それに反応する

次に英語 The heat makes me tired. は、次のようなイメージになります。

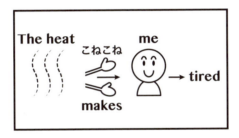

ポイントは The heat makes me（暑さが私をこねくりまわして）というアクションに、me tired（私はくたびれた）というアクションが連鎖していることです。

※ make の代表的な意味は「つくる」で、それ以外にも様々な意味をもっていますが、その核（コア）となるイメージは「こねて、形作って、固定する」です。本書では、これを英単語のコアイメージと呼びます。

後半の me tired は、通常これ単体では通じませんが、この英文のように動詞 makes の影響が me で留まらず、tired まで及ぶことで、me → tired（私がくたびれる状態になる）というニュアンス

を表します。これをモデルで表すと次のようになります。

英語モデル「アクション連鎖」

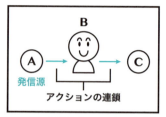

発信源からアクションをつなげる

　これら日本語、英語のモデルはまったく違うように感じるかもしれませんが、実はお互いの間を変換するのはそこまで難しくありません。

　たとえば、例文の日本語イメージにおける動作（矢印）に注目して、順番をつけてみましょう。視点を外して、この順序で英語に置き換えれば、アクションが連鎖している英語のイメージになることがわかりますね。

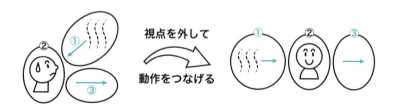

　一方で、英語のイメージですが、これを真ん中の人物Bさんの視点で捉えてみましょう。

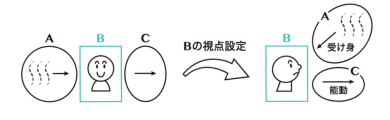

　この場合、Aの影響を受けて、BさんはCというリアクションをとった、と解釈できますね。このようにイメージを介せば、日本語と英語の間の変換も、さほど難しくはないのです。

　これを「暑さが私をぐったりさせた」のような不自然な日本語を介して英訳しようとすると、その不自然さゆえに身近な表現として感じられなくなってしまいます。

　そうなると、変換が単なる言語操作のようになってしまい、結果として「英語は難しい」となってしまうのです。

☕ Coffee Break

日本語のモノの見方を知って英語がわかる

今井 イメージで考えれば、日本語から英語をつくるのは難しくないという説明ですが、そう考えると、日本語訳をこねくりまわして英作文をしてきたのは、あまり意味がなかったんだなって思いますね。

遠藤 そうですね。不自然な日本語をこねくりまわすよりも、英語のモノの見方を身につけることのほうが重要ですし、応用もきくと思います。**英語のモノの見方さえ身につけば、あとは単語を並べたら自然な英文が出来上がる**はずですから。逆に、そういう英語のモノの見方を身につけなければ、言葉遊びが始まってしまうわけです。

今井 字面ばっかり追いかけてしまうのは、学生時代の「あるある」ですよね。しかし、これって日本語についても知っていないとだめだと思うんですが。

遠藤 その通りです。実は、私たちは日本語がどういうモノの見方をしているのか習っていないんですよね。だから「犬に襲われた」は「犬に襲われた」という文章以上の何者でもない。これが日本語らしい表現だなんて、日本語だけで考えていたらわからないわけです。

今井 英語というほかの言語との比較で、はじめてわかることですね。それを聞いて思い出したんですが、浪人時代に予備校の現代文の授業で「君らが現代文で点数が取れないのはね、単語を知らないからなんだよ」って言われたんです。「わかっているつもりになっているから、現代文で点数が取れないんだよ」って。灯台下暗しという感じでしたが、それに近いですね。

遠藤 そうですね。**英語を学ぶのと同時に日本語についても学ばないともったいない**んですよね。英語だけに没頭すればいいってわけじゃないと思うのです。

日本語は「受ける」が基本

今井 そういえば、日本語がリアクションの言語だという説明のところ

で、「暑さで」が受け身的なイメージで語られていましたよね。自分としては納得できるんですが、一方でこれを「受け身」と表現したら、受け身の範囲がすごく広くなるような気がするんですが。

遠藤 その通りですね。日本語では「〜れる」という形式になっているものだけを受け身として取り扱ってきていますから。たとえば「電話がかかってきた」も受け身だとすると、これまでの日本語の文法体系は大きく変えざるをえないでしょうね。

今井 「電話がかかってきた」も行為が向かってくるイメージだから受け身っぽいですね。そう考えると、むしろ**これまでの「受け身」の範囲が狭すぎる**気がしてきました。

遠藤 私の憶測ですが、これまで日本語の受け身が「〜れる」形式に限定されてきた理由は、英文法に原因があると思っています。

今井 どういう意味ですか？

遠藤 英文法で「受け身」って言われたら、「be ＋ 過去分詞」の形式が思い浮かびますよね。本文で挙げた was attacked みたいな。訳が日本語として自然かどうかは置いておくとして、この「be ＋ 過去分詞」形式のものは全部「〜れる」として訳せるわけです。

今井 つまり、「be ＋ 過去分詞」に対応する日本語の表現「〜れる」を「日本語における受け身」としているということですか？

遠藤 私はそうじゃないかなと、にらんでいます。

今井 もしそうなら日本語文法は英語の世界観に毒され過ぎている気がしますね。

遠藤 話を戻しますが、「暑さで」を受け身的なイメージで説明していた件について補足しますね。これは日本語の「周辺から中心に向かってくる」という特性を表す１つの文例ですが、この**周辺から中心への動き自体が受け身**だと言えるのです。

今井 えっ？

遠藤 いままで「昨日、渋谷で」とか「暑さで」などを周辺にあるものとして挙げてきましたよね。これらは時や場、状況を設定しているわけで、登場人物はそれらの影響を受けているわけです。

今井 じゃあ、「昨日学校で先生に怒られて、ぶちきれちゃったんだよね」

みたいなセリフがあったとして、これは「昨日学校で先生に怒られて」までが受け身ってことですか？

遠藤 そうです。まあ、受け身のところも「昨日学校で」は場による間接的な受け身で、「先生に怒られて」は直接的な受け身だと区別はできますが。

今井 なるほど。そう考えると**日本語では「まず受ける」ことが基本にある**と言えそうですね。

日本語は設計図型、英語は建築型

遠藤 日本語が、まず受けて、そしてリアクションする言語なのに対して、英語は制限を受けずにドンドン積み重ねていくわけで、プラス思考しかないんです。

今井 ピラミッド型みたいなものですね。土台を1回つくってしまえば、そこにドンドン積み上げていけて、最終的な形はどんな風になってもいいみたいな。

遠藤 そうですね。こういう言語的な側面を、私は「**日本語は設計図型、英語は建築型**」と表現しています。

今井 「英語は建築型」というのはわかりますが、「日本語の設計図型」って何ですか？

遠藤 設計図は、ある土地にどんな建物を建てるかを描いた図ですが、それを描き始めた時点で土地の範囲という制限を受けるはずですよね。

それに加えて、じゃあ5階建てにしようかと決めれば、当然ですが6階以上は考えることができなくなります。そして次は各フロアの間取りをどうしようかという話になっていくわけです。

今井 なるほど。その話でいえば日本語は1〜5階のどのフロアの間取りから考えてもいいですが、英語は建築型だから1階からしかつくれないということですね。その代わり、5階と言わずに、どこまでも積み上げていけるってことですね。

遠藤 そうです。日本語は全体のうちのどこから手をつけていってもいいから、ある意味「飛び道具」的に言葉を置くことができます。一方で、英語はちゃんとつながっていないと積み上がらない。だから、英語では

どうしても言葉数が増える傾向があるんです。

言語と文化 事例1「ゲーム」

今井 こういう言語特性は、文化に影響していそうな気がするんですが、何か具体的な事例はないんですか？

遠藤 そうですね……。たとえば、今井くんの好きなゲームもそうだと思います。欧米系のゲームと日本のゲームは、かなりテイストが違うと思いますが、実際にゲームをしている今井くんからしたらどうでしょう、何か感じるところはありませんか？

今井 ゲームと言えば、いまオープンワールド型のゲームがマイブームなんです。オープンワールド型のゲームというのは欧米系のゲームで、何をやってもいいんです。たとえば、いきなりボスまでいってもいい。自由度が高いので結構ハマっているんですが、一方で日本人の友だちに「面白いからやってみー」と無理やりやらせてみても、「何やっていいのかわからない」って返事が返ってくることが多いんですよね。

遠藤 **最初に枠組みをしっかり固めてくれないと困る**って人は、日本人に多そうですね。

今井 日本人受けするのはやっぱりドラクエのようなゲームなんですよね。ある程度誘導がきいていて、やるべきことも明確なゲームが好まれている気がします。

遠藤 それは同感です。いま挙げてくれた「欧米で人気のゲーム」「日本で人気のゲーム」ともに、それぞれの言語特性が影響を及ぼしているんだろうなと思います。もちろん、100％という意味ではないし、実際にどこまで本当に影響を及ぼしているかはわかりませんが、そういうゲーム文化が言語特性と整合性が取れているのは面白いですね。

言語と文化 事例2「告白」

遠藤 言語と文化に関して、私が取り上げたいものとして「告白」があります。

今井 誰かと付き合うという意味の「告白」ですか？

遠藤 そう。日本では告白なしに誰かと付き合うのはあまりないと思い

ます。それに対して、アメリカでは誰かと付き合うにあたって、告白が前提にはないのです。

今井 それ、留学生から聞いたことがあります。日本では告白してから交際がはじまる感覚がありますよね。そのような大事な告白イベントがアメリカでは前提にないって聞いてびっくりした記憶があります。でも、なぜなんでしょうね。

遠藤 まず日本人の場合は、**「付き合っている」という肩書き・枠組みがないと困る**んだと思います。それがないと、どう行動していいのかわからなくなってしまうということですね。

今井 確かに「友だち以上恋人未満」のような関係はしんどそうです。そういえば、正式に付き合うようになったら、それまでとまったく対応が変わってしまったという人の話も結構聞きますね。

遠藤 海外にもそういう人はいると思いますが、日本人の場合は付き合うことで、相手を「ソト」から「ウチ」に入れる感覚はあるのかなと思いますね。そうなると必然的に対応も変わるんでしょうね。

このような日本の恋愛事情に対して、アメリカでは一緒に遊びに行くイベントをひとつひとつ積み上げていくような感じらしいです。もちろん、そのときにお互い探り合うのだと思います。

だから、アメリカではバレンタインデーは「告白」のためではなくて、それまでにそういう経験を通じてパートナーシップが組めた相手に対して、プレゼントを贈る機会になっています。まあ、日本と違って男性から女性に贈るという違いもあるようですが。

今井 アメリカ人は人間同士のコアな部分での積み重ねを重視しているという気はしますね。バレンタインデーも、そういう積み重ねのためのイベントのような感じなんでしょうね。

遠藤 それに対して、日本人はどうしても「あの人と付き合っている」という肩書きが欲しくなってしまう。これは当人的に肩書きという枠組みが欲しいということもあるでしょうし、社会的に説明しにくいということもあるのだと思います。

今井 確かに他人から「あの人とはどういう関係なの？」と聞かれたりしますよね。あっ、そうか。日本人同士は「枠組み」で判断している部

分が大きいから、こういう質問をするんですね。だから、個人レベルでもそういう枠組みを求めるようになると……。なるほど、これは根が深いですね。

遠藤 悪いことばかりではないんですけれどもね。同じ文化的な背景をもっている者同士であれば、「枠組み」に対する共通理解があるので、詳しく説明しなくても、だいたい話が通じるメリットはありますよね。一般的な日本文化のド真ん中にいて違和感なくなじめている人にとっては、枠組みによる制約があっても総じて居心地のよい環境だと思います。

ただ、そういう文化になじめない人や、元々そのような文化を共有していない人にとっては、疎外感ばかりを感じてしまうことになります。なかでも、完全に枠外に外れていてドロップアウトしている人より、境界線上にいる人のほうがキツイですよね。そういう人たちにとっては、常に自分の立ち位置を揺さぶられているような感じになるので……。

そういう人が英語文化になじめるかどうかはまた別の問題ですが、**日本文化とは別の文化に触れることで自分に合う考え方に出会えるかもしれない**ので、ぜひ前向きに英語や英語文化に取り組んでもらえたらと思います。

言語と文化 事例3「職人芸」

今井 この日本的な「枠組み」について、思い出したことがあります。自分は武術をやっていますが、日本人はよく「あなたはインストラクターですか？ あっ、違いますか。じゃあ、いいです」みたいな感じで、相手が先生じゃないと得るものがないと思っている人が多いんですよね。

遠藤 うん、それも「あるある」ですね。

今井 僕がやっている武術はロシア発祥なんです。ロシアで日本人向けのセミナーが開かれることがあるんですが、そのセミナーで創設者が日本人の参加者に言ったことが面白くてですね……。

「あなたたちがこの武術に対して、とても深い愛情を注いでくれていることは感謝します。ただ、いまやっていることが正しいかどうかを確認しにロシアに来たのだとすれば、それはあまり意味のないことです。ぜひ新しいことを学んで帰ってください」と言ったんです。

これは、日本人が自分でその武術の「枠組み」をつくってしまって、その枠内でどうこうしようとしている、ということですよね。

遠藤 そういうことでしょうね。こういう**「枠組み」の発想は、部分最適にはとても良い**んですよね。武術ではないですが、「欧米に追いつけ追い越せ」みたいな感じで、やるべき枠・範囲がはっきりしてしまえば、その中を最適化することに対して日本人はすごい能力を発揮するので。

今井 日本人はゼロからつくり出すのは不得意だけど、既に存在しているものを改善するのは、ものすごい得意というやつですね。

遠藤 そう。これは日本語という言語が「枠組みによる制限を受けて、リアクションする」という風になっていることと整合性が取れているんです。

今井 逆に言えば、英語圏の人たちは最初に「枠組みを意識しない」傾向があるということですか？

遠藤 それはあると思います。なにせ、英語はいつも真っ白なキャンバスに描いて、ゼロから場をつくっていくわけですから。

　仕事のやり方にも、この日本語と英語の違いは反映していると思います。たとえば日本だと従業員に「枠組み」を提示して、「あとは、この範囲内でうまくやってね」という感じで投げることが多いですよね。

　一方で、アメリカの従業員からすると「枠組みなんて知らないよ、アクションを to do（やるべきこと）リストでくれ」みたいな感じになります。

　アメリカでは、個々人の仕事のアウトプット全体がどうなっているのかを考えたり、万が一抜けがあって穴を埋めるために対処したりするのも、それはちゃんとそういうマネージャーを置くべきだってことです。そこまで含めてプラスの足し算で考えているのですね。

今井 **日本で職人芸みたいに、ある領域に特化して上手いとかいうのも、プラスというよりはマイナスで無駄を削ぎ落とすような感覚**ですものね。アメリカにも職人芸はあると思いますが、根本的に発想が違っていて、足して足してという感じなんでしょうね。

第1章　日本語 vs 英語　モノの見方の違い

第2章
日本語のイメージの描き方

　第1章では「中心と周辺のどちらから先にモノを見ていくか」「登場人物を場に埋め込むか、表に出すか」「視点依存か発信源依存か」という日本語と英語の違いについて見てきました。第2章では、日本語のイメージの描き方に特化して確認していきます。

　なお、日本語を母語としているみなさんにとっては、なんとなくわかる部分もたくさんあるでしょう。英語のイメージへの変換方法のほうが気になる方は、第2章を飛ばして、第3章に進んで頂ければと思います。

第1節　枠や周辺情報

「恵子は昨日、校庭で太郎が下級生たちにサッカーのルールを教えているのを見た」

　第1章で述べたように、日本語は「周辺から中心へ」言葉を並べていく方針があります。しかし、上の例文では「昨日」よりも「恵子は」が先にきています。「恵子は」のほうが「昨日」よりも周辺に位置する言葉なのでしょうか？
　結論から言えば、日本語の世界観ではそのようにもなるのです。全体の日本語イメージを確認すると次のようになります。

恵子は昨日、校庭で太郎が下級生たちにサッカーのルールを教えているのを見た

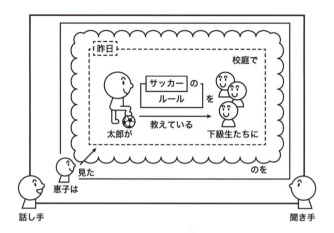

　それでは個別の構成要素について確認していくことにしましょう。

1 「〜は」

<u>恵子は</u>昨日、校庭で太郎が下級生たちにサッカーのルールを教えているのを見た

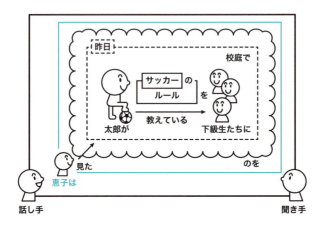

「恵子は」

「恵子は」の「〜は」は「恵子の視界・領域」を表します。恵子の枠をつくるようなイメージで、恵子から見えることや恵子の領域に属するものを表します。

▼領域の例
・恵子は優しい
・恵子は人使いが荒い

- 恵子は守の妻です
- 恵子は太郎の母親です
- 恵子はケチです

恵子の領域（性質など）

　例文の場合は恵子の見たことなので、「恵子の視界」を表す枠を最も外側に位置付けるのが自然ということになります。また、このとき聞き手は恵子の視界に入り込んでいくような感覚で聞くことになります。

▼Note「〜は」の質疑応答

今井　「聞き手は恵子の視界に入り込んでいくような感覚で聞く」という説明の意味がよくわからないんですが……。

遠藤　「恵子は」と言ったら、その時点で恵子の視界・領域に入っていくのです。

今井　そうなんですか？　なんだか「その通りだと思います！」とは言えないんですけど……。

遠藤　例文に戻ってみましょう。【恵子は昨日、校庭で太郎が下級生たちにサッカーのルールを教えているのを見た】という文章ですが、これを文字ではなく音声で聞いたとしますね。このとき最後の「見た」というのは、誰が見たのでしょうか？

今井　見たのは恵子ですね。

遠藤　そうですね。途中にある「太郎が」と「見た」がくっついたりは

しません。それを実現してくれているのが「〜は」の枠なんです。
　私たちは「恵子は」と聞いたら、頭の中に恵子の視界や領域を表す枠をつくって、あとはその中身の話がくるはずだと身構えます。例文で言えば「昨日、校庭で太郎が下級生たちにサッカーのルールを教えている」という部分、これは恵子の視界・領域に入っている内容ですが、私たちもまるでその場面を恵子と一緒に見ているような感覚になりませんか？

今井　なるほど。確かにその場にいるような感じがします。

遠藤　今回は動詞が「見た」という、まさに「視界」ドンピシャのものでしたが、それ以外の動詞でも「〜は」の働きは同じなのです。その表現を使っている話し手だけではなくて、聞き手もその場にいるような感じにさせるところが日本語の面白いところですね。

2 「時」

恵子は<u>昨日</u>、校庭で太郎が下級生たちにサッカーのルールを教えているのを見た

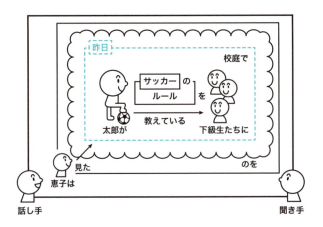

「昨日」

　この「昨日」は、昨日という時間枠をつくります。これから述べることは、昨日という時間内のことだというわけです。
　なお、「昨日」は常に枠を形づくるわけではありません。たとえば、「違うよ。僕の誕生日は昨日だよ」のように普通の名詞として使われることもあります。
　実は例文の「昨日、」は「昨日は」の「〜は」が省略されたものです。「昨日は」と言うと枠が強く出てしまいますが、「〜は」を省略すると、枠がぼんやりしたものになります。

例文1　昨日はみんなちょっとおかしかった。
例文2　昨日、みんなちょっとおかしかった。

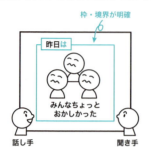

「〜は」が入ると、枠が明確化されるため、昨日に限定しているニュアンスが発生します。要するに、おかしかったのは昨日だけで、それ以外の日は普通だということです。「〜は」を入れないと、そのような境界がぼかされます。

▼Note「〜は」の省略について

今井　要するに「〜は」が省略されているから、「昨日、」は枠をつくるってことですね？

遠藤　そういうことです。私たちって結構「は」を抜かしたりしますよね。これについて例文を3つあげて説明してみます。

例文1　彼は飲み会に行かないってさ。
例文2　彼、飲み会に行かないってさ。
例文3　飲み会に行かないってさ。

　これらは微妙に言いたいことが違っているんですが、わかりますか？

今井　すぐにはわかりませんが、何か違っていそうですね。

遠藤　最初の「彼は飲み会に行かないってさ」というセリフですが、これは彼以外の大半の人は行くんだろうというニュアンスが感じられると

思います。少なくとも、彼は特別な感じになっている。だからイラストでは枠が実線になっています。

例文1

今井　そうですね。なんか彼だけ浮いている感じがします。
遠藤　次の「彼、飲み会に行かないってさ」というセリフは、彼だけのことを言っている感じになっています。ほかの人のことはあまり意識されていないのですね。そういうわけでイラストでは枠が破線になっています。

例文2

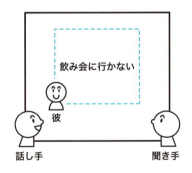

今井　その彼から「不参加」のメールがきたときに言いそうなセリフですね。まあ、大勢の人が既に参加していることがわかっていたら、「彼は」になりそうですが……。

遠藤　そこが悩ましいところで、きれいにスパッと切り分けられるようなものではないんですね。どちらの表現も使える場面はたくさんあると思います。

　最後の「飲み会に行かないってさ」というのは、彼自体を言語化していないわけで、話し手は彼の言葉を代弁している感じになります。話し手が彼と一体化していると言っても良いと思います。

例文3

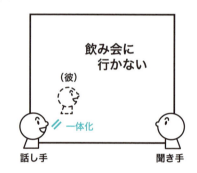

今井　これは、彼のところに実際に聞きに行った人が帰ってきたときに言いそうなセリフですね。その「飲み会に行かない」というセリフ自体を彼が言った、もしくはそういうニュアンスのことを言ったんだろうなって感じがします。

遠藤　英語的な感覚では「飲み会に行かないってさ」なんて言われても、誰が言ったのかわかりません。一方で、日本語では話の流れから明らかなので、わざわざ「彼」を言葉にしないのですね。

今井　「彼」と言葉にすると、距離が少しあるような感じが出てきますね。たとえば、社内に常駐しているけれど、あまり親しくない外部のプログラマーの人に出席の可否を聞いたのであれば、「彼」という言葉を使いそうな気がします。

遠藤　**日本語では相手を場に埋め込んでしまうことが、場を共有していたり同じグループに属していたりすることになる**わけですね。逆に、わざわざ明示することは自分たちと区別することにつながるわけです。

3 「場所」

恵子は昨日、校庭で太郎が下級生たちにサッカーのルールを教えているのを見た

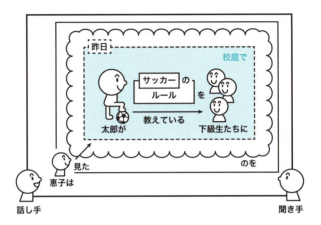

「校庭で」

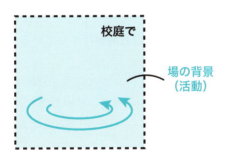

「校庭で」は場の背景をつくります。矢印が渦巻いているのは、そこで何かの活動をしているというニュアンスを表しています。「〜で」は場所以外に手段や原因も表すことがありますので、それらを含めて次のようなイメージで捉えるとよいでしょう。

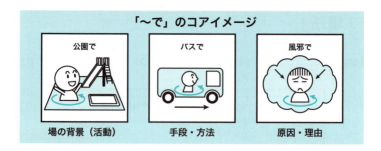

　手段を表す場合のグルグル矢印はその場の力を利用することを表し、原因を表す場合はその場から力を受けたことを表しています。

▼Note「～で」の質疑応答

今井　「校庭で」は、そこで活動をしているニュアンスを表すという説明ですが、活動していない場合はどう表現するんですか？

遠藤　「校庭に今井がいた」のように「～に」が使われます。

今井　なるほど。「～で」や「～に」はそういう風に話の方向付けをしているんですね。

遠藤　基本的に**助詞は話の方向付けをしている**と言っていいでしょうね。

今井　ちょっと話を戻して、「～で」の「力を利用する」とか「力を受ける」というのも、いまいちピンときていないんです。たとえば「バスで」という表現が例に挙がっていましたが、「バスの力を利用する」ってどういう意味ですか？

遠藤　**バスというものの働きを利用する**と言ったほうがいいかもしれません。一般的に「バスって何？」と聞かれたら、

バスというのは、
・最初に停留所に止まっている
・乗ったときに先払いだとお金を払って、席に座る
・バスが動いて、ひとつずつバス停を移動していく
・目的のバス停の近くにきたら、ブザーを押して、そのバス停で降りる

・降りるときに後払いだとお金を払う
このような移動するための公共機関のこと。

　このような説明をすると思います。「バスで」という表現は、そういう働きをもつバスを利用するということなのです。
今井　「力を受ける」ほうの「風邪で」も説明してもらえますか？
遠藤　たとえば「風邪で学校を休む」と言いますよね。この場合は「風邪の影響を受ける」感じになります。
今井　なるほど。この場合も矢印は「風邪の働き」というと変ですけど、「熱や咳が出て、頭がふらふらして」みたいな風邪の影響を表すわけですね。そういう風邪の影響を受ける、と。
遠藤　そういうことですね。

4 周辺情報の注意点

　ここまでが主として「周辺」に位置づけられる言葉でした。なお、日本語は語順が緩いということもあり、これらの表現が日本語の文章内で前後することもあります。

例文1　新宿で昨日、太郎が道に迷っていた。

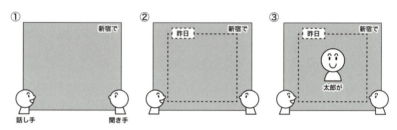

　例文1では、先に「場の背景（新宿で）」を設定して、あとで「時間枠（昨日）」を設定しています。この「新宿で昨日、」という語順を「昨日、新宿で」という語順に変更してみましょう。

例文2　昨日、新宿で太郎が道に迷っていた。

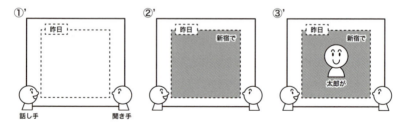

　例文2では、先に「時間枠」を設定して、あとで「場の背景」を設定していることになります。

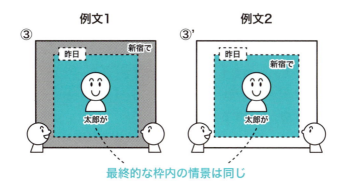

最終的な枠内の情景は同じ

　聞き手が受け取る情景は最終的な枠内の部分なので、例文1でも例文2でも同じになっていることがわかりますね。唯一違和感があるとすれば、例文1では「新宿で」という背景が「昨日」という時間枠をはみ出していることです。

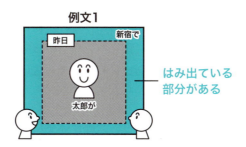

はみ出ている部分がある

　そこにきれいな包含関係ができていないので、少し「おやっ」と感じるわけですが、その程度ということで実用上はまったく問題ありません。このように、あとでリカバリができるのが日本語の特徴というわけです。

▼Note 日本語では語順を変えられることについての質疑応答

今井　最終的に描いているイメージが同じであれば語順が変わっても大丈夫ということはわかりました。でも、2つの例文はそもそも使う文脈が違いそうですよね。

例文1　新宿で昨日、太郎が道に迷っていた。
例文2　昨日、新宿で太郎が道に迷っていた。

遠藤　そうですね。例文1のほうは「新宿で」と言っておかないと何か誤解をまねくかもしれない心配があったり、「新宿」という場所を強調したい意図があったりすると思います。
　ちょっとストーリーをつくってみましょうか。新宿だと書きにくいので、場所の表現を変えてストーリーをつくってみます。

例文1'　東急ハンズで昨日、太郎が迷子になった。

N	信一がお母さんの典子とスーパーに買い物に行っています。
典子	そういえば、今度の日曜日、新宿の高島屋にお買い物に行こうと思うんだけど、一緒に来る？
信一	行く行く！　東急ハンズに寄ってもいい？
典子	うーん。まあいいわよ。でも広いから迷子にならないでよ。
信一	真美*じゃないんだから大丈夫だよ。あっ、でも、**東急ハンズで昨日、太郎が迷子になった**って言ってたなぁ。
典子	そうでしょ。気をつけなさいよ。

* 真美は信一の妹。

今井　なるほど。**東急ハンズであることが重要なので、先に挙げている**わけですね。すると、例文2は「昨日」を強調しているってことですか？
遠藤　例文1との比較で言えばそうなります。しかし、日本語の「周辺から中心へ」の流れを考えると、「昨日」のほうが「新宿で」や「東急ハンズで」よりも周辺的な情報なので、特に意図がないときも例文2が使われますね。
今井　なるほど。でも、やっぱり使われる文脈が違うんですね。

☕ Coffee Break

なぜ助詞を扱っているのか?

今井 日本語ってそういうイメージだったのかぁ……と思いました。日本に来る留学生たちはこういう内容を習うんですか?

遠藤 いいえ。日本語を第2言語として学ぶ人たちは、文型学習といって「N1 は N2 です」みたいな型に「私はジョンです」や「こちらはボブです」などと当てはめて学ぶのが主流です。でも、この本でそんなことをやってもしょうがないですからね。

今井 そんなこと知らなくても普通に日本語が使えますもんね。

遠藤 私たちは「〜は」や「〜で」のような助詞を格別意識しなくても適切に使えます。「先生に怒られた」とは言っても、「先生へ怒られた」とは言わないことは、私たちからすればわかりきっていることですから。

しかし、「先生へ怒られた」がダメな理由を説明することは難しいことです。もし今井くんが留学生に「『学校に行った』と『学校へ行った』の場合は変えても大丈夫なのに、なぜ『先生に怒られた』を『先生へ怒られた』に変えるのはダメなのか?」と聞かれたら、うまく答えられそうですか?

今井 それは説明できないですね。「そうは言わないんだよ」としか言えないです。相手が「〜へ」や「〜に」をどう理解しているのかわからないし、自分が「〜へ」や「〜に」をどう理解しているのかもわからない。そりゃあ、教えられないです(笑)

遠藤 そんな私たちが当然のものとして扱っている日本語の代表が助詞なのです。第2章では、その中でも最低限知っておいたほうがよいものを説明することで、**日本語のイメージを描けるようになることを目指している**わけですね。

第2節　中心情報

　ここまで「周辺から中心へ」の「周辺」を扱ってきました。ここからは「中心」について確認していきましょう。

1 「〜が」

恵子は昨日、校庭で太郎が下級生たちにサッカーのルールを教えているのを見た

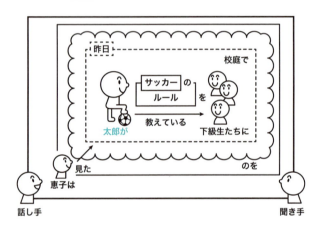

「太郎が」

　「太郎が」の「〜が」は、太郎という存在を強調します。たいてい「〜が」は主語にくっつき、そのあとに主語の行為や状態を導きます。

「〜が」は「〜は」との違いがよくわからないと言われる言葉です。その違いをイメージから見てみましょう。

例文1　月はきれいです。
例文2　月がきれいです。

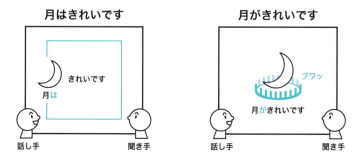

「月は」の場合は、月の領域を表す枠を設定して、その中に「きれいです」という状態を入れています。目の前に月が見えている必要はなく、一般論としての月について話しているイメージになります。

　一方で「月が」の場合は、月という存在を強調しています。つまり、目の前に月があって、その月がきれいだと言っているイメージです。

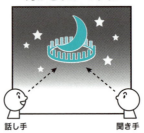

　両者が大きく異なるのは、「月が」のほうが、月を話し手からは離れたところに位置付けていることです。つまり、「〜が」は物事を自分とは別のモノ（客体）として捉えたいときに使う言葉なのです。

例文3　昔々あるところに**おじいさんが**いました。**おじいさんは**山へ柴刈りに行きました。

　昔話の導入部分に出てくる一節です。最初の文は「おじいさんが」で、次の文では「おじいさんは」となっています。
　最初に「〜が」が使われているのは、おじいさんが初めて登場するからであり、そのときは客体として認識されるのが普通だからです。「〜が」は新しい情報を導く働きがあるわけです。
　しかし、一度登場させてしまえば、そのおじいさんの枠（視界や領域）をつくれるようになります。そこで、読者が物語に入り込みやすいように、「〜は」によっておじいさん視点も活用しつつ、物語を進めていくわけです。

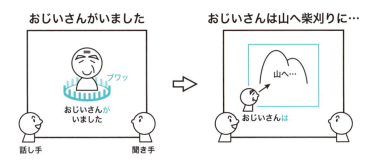

▼Note「〜が」の質疑応答

今井 「〜が」と「〜は」の違いはとてもよくわかりました。ただ細かいことですが、「〜が」で出てきた「客体」って言葉がつかみきれていません。

遠藤 具体例を挙げて説明しましょう。たとえば、今井くんがとても変わり者の友だちAくんについて、誰か別の人と話しているとしますね。

今井 はい、思い当たる人間が多くて困りますが（笑）

遠藤 今井くんがAくんの悪口を言いたいときは、「またAがおかしなことやってたんだよねー」という風に「〜が」を使うはずです。このとき今井くんは、自分とAとは違うという意味で距離をとっているわけです。

今井 あー、そうですね。

遠藤 一方で、ちょっと言い過ぎたと思ってAくんをフォローしようとしたときは、どう言うでしょうか。「まあ、Aは〜しようとしたんだろうけどね」という風に「〜は」を使うはずです。このときAくんを自分と近いところに置いているので「〜が」は使えないのです。

今井 その人の側についているときは「〜が」が使えないということですね。相手が向こう側にあるとき「〜が」が使えて、その「〜が」がついている人を「客体」と言っているわけなんですね。

遠藤 そういうことですね。

2 「〜に」

恵子は昨日、校庭で太郎が<u>下級生たちに</u>サッカーのルールを教えているのを見た

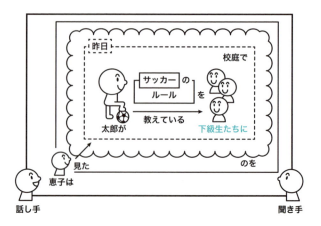

「下級生たちに」

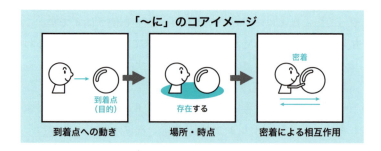

「〜に」は到達点への動きがコアイメージです。そこから「場所・時点」や「密着による相互作用」という働きも派生しています。少し幅広い意味をもつので、それぞれの働きを例文とイラストで確認しましょう。

例文1　キャンプに行く。

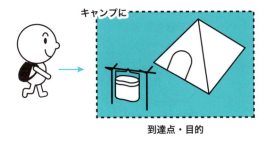

「キャンプに」で「到達点・目的への動き」を表しています。

例文2　机の上に本がある。

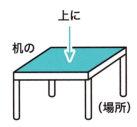

例文3　10時に寝る。

「机の上に」、「10時に」で「到達点の場所や時点」を表しています。

例文4　太郎が下級生たちにルールを教える。

「下級生たちに」は「密着による相互作用」を表しています。しかし、「下級生たちに教える」は「到達点・目的への動き」だけで十分理解できると思うかもしれませんね。なぜ相互作用なのかを説明するために、例文を追加しましょう。

例文5　太郎が下級生たちにルールを教わる。

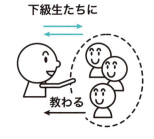

　例文4と例文5は「太郎が下級生たちにルールを」までは同じで、そのあとの「教える」と「教わる」が異なっています。「〜に」が相互作用の働きをもっているので、「教える」と「教わる」どちらの矢印でも文として成立するわけです。
　これは「〜に」とよく似た「〜へ」と比較するとわかりやすいと思います。上述の例文の「〜に」を「〜へ」に置き換えた文を確認してみましょう。

例文4' 太郎が下級生たちへルールを教える。（○）
例文5' 太郎が下級生たちへルールを教わる。（×）

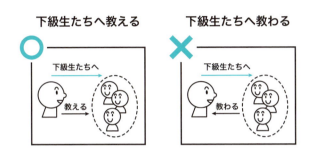

「〜へ」は「到達点への向き」を表し、対象物との間に距離があるイメージになります。そのため「密着による相互作用」がなく、一方向への動きだけを表します。これが、例文5'が正しい文として感じられない理由です。イラストで言えば、右方向への「〜へ」の動きと、左方向への「教わる」の動きが矛盾しているわけです。

なお、「〜に」などの助詞は最終的なイメージイラストでは明示されなくなります。例文4と例文5からもわかるように、最終的なイメージに表示されるのは述部（ここでは「教える」や「教わる」）の矢印になります。

▼Note「〜に」の質疑応答

今井　「〜に」ですが、「密着による相互作用」がよくわかりません……。相互作用というのは、1人ではできないということですか？　たとえば「太郎が下級生たちにルールを教える」だと、太郎がいて、下級生たちがいて、はじめてできること？　だから相互作用ってことですか？

遠藤　もちろん太郎がいて下級生たちもいるのが前提ですが、そこに突っ立っているだけでは「〜に」は使えないですよね。**片方からもう片方へ何かの行為を及ぼしていて、さらにそれに対する反応も感じられる**

のが「〜に」のイメージです。

今井　あっ、それが「相互作用」って意味ですか。

遠藤　そう。だから、「太郎が下級生たちに」までで区切られたときには、どちらからどちらに行為が向かうのかは、まだわからないのですね。「太郎が下級生たちにルールを教える」であれば「太郎から下級生たちへ」行為が向かいますが、「太郎が下級生たちにルールを教わる」だと「下級生たちから太郎へ」行為が向かいますから。

　こんな具合に「〜に」は、どちら向きにでも誘導できるのですが、少なくともその行為が届いているというニュアンスがあるわけです。それが「密着」ということですね。だから、「太郎が下級生たちにルールを教える」であれば、少なくとも教えている内容は下級生たちに到達したんだろうという感じになります。

今井　なるほど。「密着」の意味もわかりました。

3 「〜の」

恵子は昨日、校庭で太郎が下級生たちにサッカーのルールを教えているのを見た

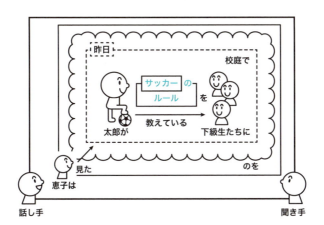

「サッカーのルール」

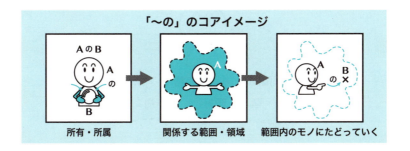

「〜の」のコアイメージは「所有」です。この「所有」の概念を拡張して、「関係する範囲・領域を設定し、その範囲内のモノにたどっていく」という働きをします。少しわかりにくいと思いますので、例文を挙げながら解説していきましょう。

例文1　太郎の母さん

「太郎の母さん」（＝恵子）という表現についてですが「恵子」は「太郎」の所有物ではないので、「太郎のおもちゃ」のような所有を表す用法とは違っています。この「太郎の母さん」の「〜の」は、太郎が関係する範囲・領域を設定して、**その範囲内のモノにターゲットを絞り、たどっていく**という動きをしているのです。

「太郎が関係する範囲・領域」には、太郎の所有物以外に、太郎の人間関係や所属、制作物など、太郎に関する様々な情報が入ります。これらは、ひと言でまとめてしまえば「太郎のこと」です。「太郎のこと」を知るたびに「太郎が関係する範囲」に情報が追加されていくイメージです。

・太郎のおもちゃ（所有）

- 太郎の友だち（人間関係）
- 太郎のチーム（所属）
- 太郎の絵（制作物）

例文2　赤のペン

　突然ですが、質問です。みなさんは「赤ペン」と「赤のペン」の違いはわかりますか？　それぞれどういうときに使われるか想像してみてください。

「赤ペン」はどのような場面でも使えますが、「赤のペン」は少し特殊です。この「赤のペン」がでてくるのは、いろんな色のペンが置いてある状況で誰かが「赤のペン、取ってもらえる？」と依頼するような場面なのです。
　依頼された側も「えーと、赤、赤、赤……」と探して、赤を見つけて「あったよ、赤のペン。はい、どうぞ」と渡すようなイメージです。「赤の」という言葉を考えたとき、「青でも緑でもない」といったほかの色との区別が意識されているのです。

・赤の信号は「止まれ」だよ。
・赤の帽子が目印です。
・赤の紙を取って。

　このように赤の色という「境界線」を設けているイメージで、だからこそ「ほかの色ではなく、赤の」というニュアンスが含まれるわけです。

例文3　サッカーのルール

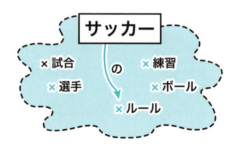

「サッカーの」で「サッカー」が関係する範囲・領域を設定し、その範囲内にある「ルール」にたどっていくわけです。

▼Note「〜の」の質疑応答
今井　実は「〜の」の説明で初めて、日本語が枠組みを重視してるこ

とがわかった気がします。

遠藤　そうなんですか？

今井　はい。「太郎の」で太郎の枠をつくってしまって、太郎の何かを表すわけですよね。日本語ってこうやって枠で捉えようとするんだなと思ったわけなんです。

遠藤　なるほど。確かに「〜は」よりは、「〜の」のほうがわかりやすい枠組みかもしれませんね。

今井　だから、「〜の」のイメージとして、自分は「所有」というよりも「枠組み」として捉えたほうがすっきりする気がしますね。

遠藤　コアイメージとしては、直接的でわかりやすい「所有」を提示しましたが、「枠組み」ですんなり理解できるのであれば、そのように理解してもらって構いません。実際に私たち日本人の使う「〜の」は、ほとんどが「所有」のコンセプトに収まっていませんからね。

4 「〜を」

恵子は昨日、校庭で太郎が下級生たちにサッカーの<u>ルールを</u>教えているのを見た

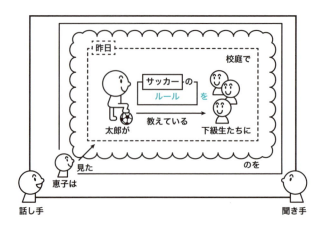

「ルールを」

「〜を」は、焦点が当てられた対象を表します。何らかの行為を受ける言葉であることを明示します。

5 「〜のを」

恵子は昨日、校庭で太郎が下級生たちにサッカーのルールを<u>教えているのを</u>見た

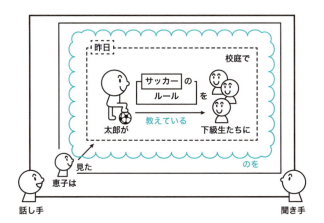

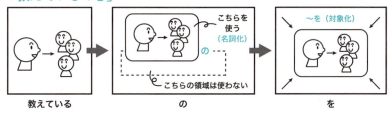

「のを」は「の」と「を」の複合語として考えられます。「の」は「境界線」を設ける働きから、文を名詞化します。つまり、「太郎が〜教えている」という行為のまわりに「の」で境界線を引いて、1つの固まりにしているわけです。「を」はその名詞化したものを対象化して、あとに続く述語（ここでは「見た」）につなげています。

▼Note「〜を」「〜のを」の質疑応答

今井　「〜を」はそうだろうなぁという感じですが、「〜のを」の説明はちょっと強引な気がしました。「『の』で境界線を引いて、1つの固まり

にしている」っていうのがさり気なく出てきてますが、これについてもう少し説明してもらえますか？

遠藤 ばれましたか（笑）　この「〜のを」は、元々「〜の○○を」の略だと考えるべきものです。たとえば、「（弟が兄のゲーム機を指差して）ちょっと、兄ちゃんのを使わせてよー」みたいな文章だと、「兄ちゃんのを」は「兄ちゃんのゲーム機を」を省略したものですよね。ここでのポイントはゲーム機が名詞であることです。

「〜の」は名詞を導きやすく、「〜を」は名詞につくという性質があります。これらを合わせた「〜の○○を」の○○が省略されたときには、名詞化する働きだけが残るわけです。

☕ Coffee Break

イメージと文字の両輪で効率的に学んでいくのが重要

今井 ひと通り助詞について説明を受けたわけですけど、感想としては改めてイメージって便利だなと思いました。

遠藤 文字だとパターン分けしたり、例外を説明したりしなくてはいけないものも、イメージだと意外とすんなり理解できたりしますからね。

今井 **文字だと結局後追いで解説しているだけ**になってる気がするんですよね。

遠藤 たとえば、日本語文法では「〜は」は、「主題」や「対比」を表すと説明しています。しかし、実際の会話で「これからカクカクシカジカの主題について話したいから、『〜は』を使おう」なんて思わないですからね。

今井 そんなことを考えていたら、会話にならないですよ。

遠藤 それならまだ「〜は」は枠を設けるイメージのほうが使いやすいと思うのです。

今井 初心者にはシンプルなイメージと代表的な用法の説明だけで十分だと思います。その代表的な用法に合わない文脈でも、イメージの範囲を広げれば何となく通じるはずですもんね。

遠藤 私も同感です。日本語でも英語でも最近ようやくコアイメージに関する書籍が増えてきましたが、それらに関してもまだまだ文字に偏った解説になっているものが多いと感じています。

　文字はきっちり意味を確定させたいときには有益ですが、全体像をつかみにくいという欠点があります。イメージはその逆です。イメージと文字の両輪で効率的に学んでいきたいところですよね。

　私どもが販売している教材『英会話エクスプレスシリーズ』は文字とイメージの両輪で学習できるようにしているのですが、もっとこういう教材が増えて、学習者の選択肢が増えたらいいなと思いますね。

今井 ちゃっかり宣伝ですね（笑）

遠藤 （苦笑）でも、教材の内容には自信があるので、これまで英会話

学習がうまくいかなかった人には、ぜひ手にとってみてほしいですね。

第3節　練習問題

次の3つの文章をイメージで描いてみましょう。
1. 太郎がリビングでマンガを読んでいます。
2. 恵子はスーパーに財布を置き忘れてしまった。
3. 太郎は英語の授業が苦手です。

記入欄

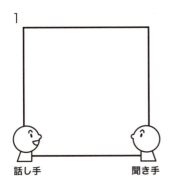

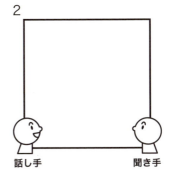

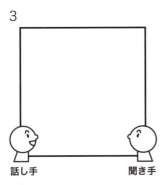

解答
1. 太郎がリビングでマンガを読んでいます。

全体像

各ステップ

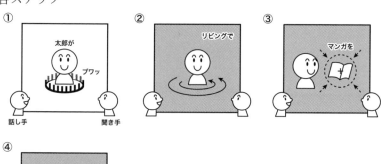

2. 恵子はスーパーに財布を置き忘れてしまった。

全体像

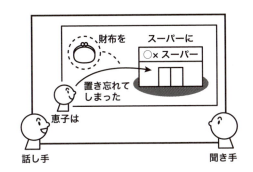

各ステップ

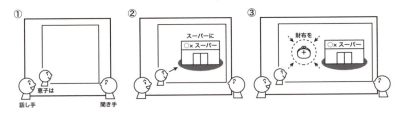

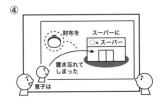

3. 太郎は英語の授業が苦手です。

全体像

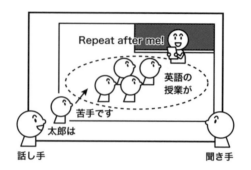

各ステップ

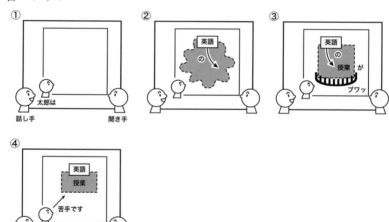

第4節 【advance】日本語特有のムード表現

　第2章では日本語文法の主要なところを説明してきましたが、ここまであえて説明してこなかった文末表現について取り上げておきましょう。

例文　昨日、学校で先生に怒られたんだよね。

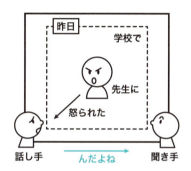

　この「んだよね」はとても日本語らしい表現です。このような文末表現は、文の最後に直接聞き手に向かって何らかのニュアンスを伝えたいときに加えます。**日本語文法では「ムード」や「モダリティ」と呼びます。**

　分解すれば「んだ（のだ）」は相手への説明であることを伝えるニュアンスを追加し、「よ」は自分の感情・主張であるニュアンスを追加、最後の「ね」は相手に同意や確認を求めるニュアンスを追加してい

ます。

　このように日本語では、**最初に話し手視点で状況を描写し、文末で聞き手との関係性を表現します**。しかし、なぜ日本語ではこのような文末表現が用いられているのでしょうか。

　その理由は「場の共有」にあります。日本語では聞き手も場に埋め込まれている、つまり、そのシーンに臨席していることが前提とされます。しかし、相手がちゃんと参加してくれているかどうかは話し手にはわかりません。そこで、これら文末表現を使って聞き手を場に取り込もうとしているのです。

☕ Coffee Break

日本語は聞き手の責任が英語よりも大きい

遠藤 私たちが英語を話すときに伝わっているかどうか不安を感じるのは、この文末表現による「場の共有」が確認できないことが要因の1つだと思います。しかし、英語ではそのような「場の共有」ではなく、場を完全に再現することが話し手に求められています。この意味で、**英語では状況を正確に描写する責任が話し手にある**と言えるのです。

今井 聞き手に伝わらなかったら話し手が悪いという意味ですか？

遠藤 そういうことですね。逆に、日本語では聞き手側にも話し手と同じ立ち位置から情景を見ることが求められます。**日本語では、聞き手の責任が英語よりも大きい**わけです。

今井 なんだか「空気を読む」という言葉が思い浮かびました。僕は空気を読むのが苦手なんですよね。だから英語のほうが気が楽なんですけど、そういう理由があったんですね。

遠藤 そうそう、ある本に面白いエピソードが書かれていました。仕事で日本にやってきたネイティブがタクシーに乗って、行き先を「ABCホテルまで」と運転手に伝えたのです。そしてタクシーがABCホテルに着いたのですが、実はネイティブが宿泊するのはABCホテルの別館のほうで、少し離れているところだったんだそうです。

このときネイティブが「ちゃんと伝えなくてすみません」と言ったのに対して、運転手のほうも「こちらこそ、ちゃんと確認せずにすみません」と謝り返した、という話です。この運転手のセリフは、本当に日本人的ですよね。

今井 確かに運転手が謝る必要なんてまったくないですね。

遠藤 運転手さんとしては、相手は外国人で地理に不慣れだろう、ABCホテルは本館と別館があってよく間違いやすい、これらを考えると本館なのか別館なのかを確認するべきだったみたいな発想なのでしょう。かなり相手の立場に立った発想をしていますよね。

今井 そこまでいくと僕的には過剰サービスのような気もするんですけ

どね。まあでも、そんな僕でもネイティブの友だちから気遣いを褒められることがあるので、アメリカではよほど聞き手の責任が薄いんでしょうね。

文末表現で押したり引いたりして調整

今井　日本語の文末表現について、思い出したことがあります。大学で留学生の連中と日本語で話をしていたとき、僕だったら「コーヒーが好きなんだね」と言うところを、彼らは「コーヒーが好きなんですか」と言ってくることが多くて、なんか距離を感じるなぁって思っていたんです。こういう文末表現って、口語的過ぎるから教えていないのかなって思っていたんですけど、実際どうなんですか？

遠藤　一般的には初級の早い段階で教えるそうですが、やっぱり使いこなすのが難しいのでしょうね。ただ、そうは言っても、日本に来た外国人が一番耳にする音は、この文末表現の「ね」らしいですよ。

今井　文末にあるから耳に残るという意味ではなくてですか？

遠藤　それも理由としてはあると思いますが、実際の会話に耳を傾けてみたら、「ね」は本当によく使われていると納得できると思いますよ。「ね」を使わないと断定している感じになりますからね。

今井　そういえば、マンガの「魁！ 男塾」に出てくるキャラって「ね」を絶対使わないんですよ。不思議だなと思っていたのですが、いまの説明を聞いてわかりました。**「ね」を使うと、共感や協調することにつながってやわらかい表現になる**からですね。

　逆に「ね」を使わないと断定調になると……。大学の研究室にいたころ、留学生の女の子で「男塾」のキャラみたいに話しかけてくる子がいて、当時は違和感ありありだったんですが、いまようやくその理由がわかりました。

遠藤　英語ではそういう風な形式で語調をやわらげたりはしませんからね。

今井　そもそも日本語のように聞き手との関係性を考える感覚がないですもんね。英語では全部を客観的に説明している。そのノリで日本語も使うから、「ね」とかを使いこなしにくいんでしょうね。

遠藤　日本語の場合は「昨日、先生に怒られた」までは状況描写ですが、そこから、急に聞き手との関係性が出てきて、聞き手へのメッセージのようになります。

　聞き手へのメッセージ部分に含まれるニュアンスは途中で止めてみるとわかりやすいので、少し補足しておきます。「怒られたんだ」で止めると、相手に説明しているニュアンスを加えていますよね。ただそれだけだと、相手に押し付けている感じでちょっと強い。そこで、「怒られたんだよ」と、まあ自分の思いなんだけどねという感じで、ちょっと引かせる。そして、最後に「怒られたんだよね」で、また相手に同意を求める、つまり相手のほうにまた押し返すような感じなんです。

今井　すごいですね。**こんな4文字「んだよね」だけで、押したり引いたりして調整している**わけかぁ。

遠藤　こう解説されたら、複雑なことをやっているのがわかりますよね。これを日本語初心者がすぐにマスターできるかというと、やっぱり厳しいと思います。ひとつひとつの言葉に込められている、押したり引いたりの感覚までつかめないと使いどころを間違えてしまいますから。

今井　そういえば、「だよね」を妙なタイミングで使っている留学生もいました。そのときは「なんだ？　急に馴れ馴れしいなぁ」と思いましたね。

遠藤　こういう部分は、相手との会話で押したり引いたりの調整をするために使うものなので、会話の流れもつかめていないと自然な感じでは使えないですね。

今井　英語にはない表現ですよね。使っても、isn't it? みたいな付加疑問文や Don't you think so? のようなものかな。

遠藤　押したり引いたりを文章の最後で調整するようなものは、英語にはありませんね。

　ただ、勘違いしてほしくないのは、英語は何でもストレートというわけでもないことです。語調をやわらかくするために、助動詞を使ったり、動詞の過去形を使ったりする工夫はネイティブもしているんです。

今井　まあ、同じ人間ですからね。「男塾」みたいな会話がアメリカのスタンダードだなんて言われたら、「ちょっとどんな世界だよ、それ」っ

てドン引きですもん。

遠藤 想像するとおかしいですね（笑） それはさておき、英語の語調をやわらげるときに使われる過去形や助動詞について詳しく知りたい方は、前著『英会話イメージリンク習得法』をご覧頂ければと思います。

第2章
日本語のイメージの描き方

第3章
日本語のイメージから英語のイメージへの変換

　第1章では、日本語と英語とのモノの見方の違いを扱い、第2章では助詞を題材に、日本語のイメージの描き方を見てきました。
　第3章では日本語から英文へと英作文を行うときに、その背後で日本語のイメージをどのように英語のイメージに変換すればよいのかを見ていきたいと思います。

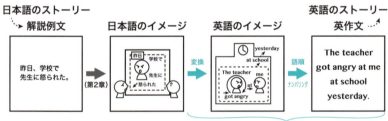

　まず「日本語のイメージ」を描き、それを「英語のイメージ」に変換します。それからイメージごとに番号付け（語順のナンバリング）を行い、イメージを英単語に置き換えるという流れで英作文をします。

第1節　基本変換

　第1章で学んだ英語の3つの特徴「登場人物を場に出す」「中心から周辺へ」「発信源に注目する」に沿った基本変換を取り上げて見ていきましょう。

1 登場人物を場に出す

　日本語の「場に埋め込む」イメージから、英語の「場に出す」イメージへ変える方法について確認します。

STEP 1　日本語のストーリー

恵子	（怒ったように）太郎！　早く起きて朝ごはん食べなさい。
太郎	（寝ぼけて）いま何時？
恵子	7時よ。
太郎	（飛び起き）なんでもっと早く起こしてくれないんだよ。今日はサッカーの朝練だって言ったじゃん。
恵子	**何度も起こしたわよ。**

恵子「何度も起こした」

　突然ですが、恵子になったつもりで目の前にいる太郎とやり取りしているところを想像してください。実際に情景を脳裏に描いて、少しブツブツ言ってみていただければと思います。
　さて、ここで質問です。やり取りの「何度も起こした」の部分だけを英文にしたいと思います。どんな英文になるか考えてみてください。……思い浮かびましたか？　それでは次に進みましょう。

STEP 2　日本語のイメージ

「何度も起こした」を英文にしようとしたとき、主語で迷われた方がいらっしゃると思います。主語が思いつかないのは英語力がないからではありません。むしろ、日本語に習熟しすぎているからなのです。「何度も起こした」の日本語イメージを確認しましょう。

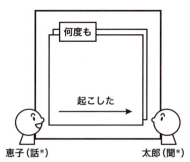

＊（話）は「話し手」、（聞）は「聞き手」の省略です。

　日本語では話し手や聞き手は普通言語化しません。この「何度も起こした」のイラストでも、言語化されているのは2つの言葉「何度も」「起こした」だけですね。日本語の世界であればそれだけでいいのですが、英語の世界観に入っていくためには「登場人物を場に出す」ことが重要になります。

　「起こした」主体である恵子、「起こした」行為の宛先である太郎の存在を意識できるようになることが、英会話ができるようになるための第一歩なのです。

STEP 3　英語のイメージ

「何度も起こした」を英作文するときの難所は既に通りすぎましたが、英文にするまでの流れをざっと確認しておきましょう。

NOTICE　英語のイメージに変換するときのポイント

登場人物の中から発信源を見つけて、「発信源」「行為」「宛先」の順に並べます。

【発信源のおさらい】
第1章で取り上げた例文「先生に怒られた」だと、発信源は「先生」になります。

※ ✓マークは「発信源」を表しています。

英語は「どちらからどちらへ」を表すのが基本なので、「先生」を発信源として置き、行為として「怒った」、宛先として「(怒られた) 私」を並べることになります。

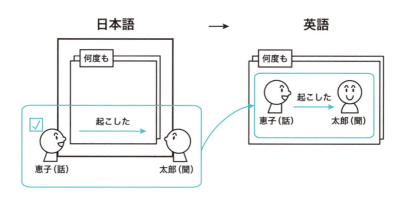

いま考えている日本語は「何度も起こした」でしたね。これを英語にしたいわけですが、発信源は何でしょうか？　……文字だけだといくら眺めていても出てきませんが、イメージだとひと目でわかりますね。そうです「☑恵子」です。

　英作文において最も重要なことは発信源を見つけることです。そうすれば、あとは自然な流れで行為「起こした」や宛先「太郎」を並べることができます。芋づる式に単語が出てくるわけです。

STEP 4　英作文

　さきほど変換したイメージは英語の世界観に沿ったものになっています。あとは順番をつけて、それぞれの日本語の言葉を英単語に置き換えるだけ。順番に読み上げれば、英文の完成です。

> **NOTICE　英語のイメージに順番をつけていくときのポイント**
>
> 「発信源」を【1】、「行為」を【2】、「宛先」を【3】とします。これ以降は、中心（内側）から周辺（外側）へ向かうようにナンバリングしていきます。

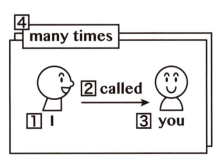

【1】恵子（話）	I
【2】起こした	called
【3】太郎（聞）	you
【4】何度も	many times

I called you many times.

これで日本語「何度も起こした」に対応する英語 I called you many times. の出来上がりです。

ここまでわかりやすいように丁寧に STEP を分けて解説してきましたが、実際の英会話では発信源として恵子（話し手）を設定するのと同時に「I」と述べて、そこから行為「called」、宛先「you」、周辺情報「many times」と流れでつなげていくことになると思います。

今後もこの体裁で解説を進めていきますが、わかる方は途中から STEP をショートカットしていただいてかまいません。ご自分のレベルに合わせて読み進めてください。

STEP 5　英語のストーリー

英作文は完了していますが、前後の話の流れも確認しておきましょう。

Keiko	(Angrily) Taro! Hurry up. Get up and have your breakfast.
Taro	(Half-asleep) What time is it?
Keiko	It's 7:00.
Taro	(Jumps up) Why didn't you wake me up earlier? I told you I had an early morning soccer practice, didn't I?
Keiko	**I called you many times.**

STEP 1　**日本語のストーリー**で情景を脳裏に描いて、少しブツブツ言っていただきましたね。仕上げとして今度は英語でブツブツ言って、ストーリーを英語で上塗りしましょう。

STEP 6　イメージトレース

　最後に STEP 4　**英作文**のイラストを番号順になぞりながら、3回ほど英文を音読して、イメージと英語を結びつけます。

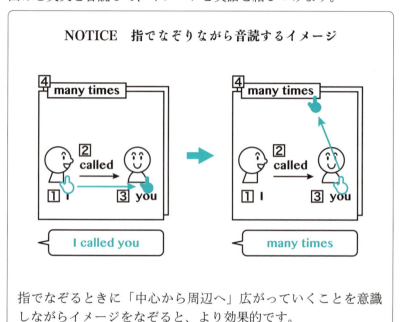

　指でなぞるときに「中心から周辺へ」広がっていくことを意識しながらイメージをなぞると、より効果的です。

まとめ

　日本語は目の前にいる相手とのやり取りでは、自分や相手を言語化しないのが一般的です。しかし、そのままだと英作文のときに発信源を見つけられないことがあります。英語の世界に入っていくためには、まさに話している自分と目の前にいる相手の存在を意識することが大切なのです。

2 中心から周辺へ（場所）

　日本語の「周辺から中心へ」のイメージから、英語の「中心から周辺へ」のイメージへ変える方法について確認していきましょう。

STEP 1　日本語のストーリー

N	木曜日、マイクがダイニングで湯呑を眺めています。
マイク	（湯呑に書かれた漢字を見て）ええーっと、これはイワシ、弱い魚でイワシっと……。

N「木曜日、マイクがダイニングで湯呑を眺めています」

　今回も N（ナレーション）になったつもりで目の前のマイクがやっていることをナレーションしてみてください。

　ブツブツ言ってみて頂けましたか？　それでは質問です。「木曜日、マイクがダイニングで湯呑を眺めています」の部分を英文にしたいと思います。どんな英文になるか考えてみてください。思い浮かんだら、読み進めていきましょう。

STEP 2　日本語のイメージ

「木曜日、マイクがダイニングで湯呑を眺めています」を英文にしたとき、Thursday から始めた方、いらっしゃいませんか？　ついつい言ってしまいますよね。この Thursday から始めてしまうのも日本語に習熟しすぎているからです。

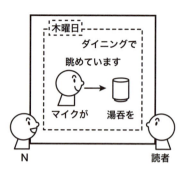

　日本語では周辺情報、特に枠組み部分を先に述べます。そのため私たちが「木曜日」に対応する Thursday から言い始めてしまうのは、とても自然なことなのです。しかし、それではいつまでたっても日本語の世界から英語の世界観に入っていくことができません。では、どうすればいいのでしょうか、次の STEP で確認しましょう。

STEP 3　英語のイメージ

　私たちが「木曜日、マイクがダイニングで湯呑を眺めています」を英語にするとき Thursday から始めてしまうのは、最初に場面設定しなければいけないと思っているためです。この癖は日本語を使っている限りゼロには出来ないでしょう。

　克服するためのポイントは「発信源」を意識的に探すことです。ひと言目に Thursday ではなく、発信源を述べるようにするのです。

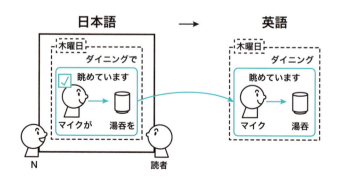

いま発信源は何でしょうか？　……そうです、「☑マイク」です。ひと言目に「マイク（Mike）」と述べてしまえば、Thursday が出てくるのを防ぐことができるのです。あとは行為「眺めています」、宛先「湯呑」を並べれば、「ダイニング」や「木曜日」は自然と後ろにくることになります。

なお、日本語イメージのイラストにいる登場人物「N」「読者」は英語イメージに出てきていません。当たり前ですが、**文意と関係しない登場人物は言語化しません**。場にいる登場人物はすべて言語化するというわけではないのでご注意ください。

STEP 4　英作文

【1】	マイク	Mike
【2】	眺めています	is looking at
【3】	湯呑	a tea mug
【4】	ダイニング	in the dining room
【5】	木曜日	on Thursday.

Mike is looking at a tea mug in the dining room on Thursday.

【1】から【3】までが中心情報です。このあとは周辺情報として、場所の「ダイニング」を【4】、時を表す「木曜日」を【5】とします。この「中心から周辺へ」の流れをイメージで表現すると次のように

なります。

> **NOTICE　出てくる英単語が思いつかない！**
>
> 英作文を行うにあたって、適切な英単語に置き換えられないことがあると思います。たとえば「眺めています」が is looking at ではなく looks at になってしまったり、「湯呑」が a tea mug ではなく a cup になってしまったりです。
>
> しかし、これらは言い出したらキリがない問題でもあります。本書はそのような適切な英単語を選べるようになることが目的の書籍ではなく、英語におけるモノの見方とその順序をつかんでもらうことが目的です。英文の流れがつかめたら OK で、それ以上の部分はサラッと読み流して頂ければと思います。

STEP 5　英語のストーリー

　今回も仕上げにブツブツ言って、ストーリーを英語で上塗りしましょう。

「英会話イメージトレース体得法」新刊発売記念!

著者が音読への情熱を注ぎこんで世に送り出した音読が手軽にできる教材「英会話エクスプレス」の第1巻「ほのぼの家族Ⅰ」テキストPDF＋音声mp3版(通常価格1,944円)を限定500名様にドド〜ン!と大盤振る舞いで無料プレゼントします!

ネイティブの発想と英会話を身につけるには、英語をイメージトレースして少しの空き時間に英語を音読することがどれほど大切なことか!このことを一人でも多くの方に実感していただきたく、今回に限りまして、本書をご購入いただいた方だけに限定プレゼントいたします。

しかも、この無料プレゼントはテキストPDFと音声mp3のダウンロード版ですので、いますぐ簡単に受け取っていただくことができます。

もちろん、「英会話エクスプレス」の第2巻以降は通常料金でお買い求めいただけますが、無料プレゼントをお受け取りになっても第2巻以降のセールスは一切いたしませんので、どうぞご安心ください。

→無料プレゼントのダウンロード方法は裏面へ

無料プレゼントのダウンロード方法

1 出版社サイトの「英会話イメージトレース体得法」ページへアクセス。

http://www.eikaiwa-express.com/imagetrace/

2 ページ下部の購入者特典コーナーに特典コードを入力。

特典コード：**20170213**

3 ファイルのダウンロードが始まります。PDFやmp3をスマホなどに入れて、スキマ時間における英会話学習のお供としてご活用ください。

この音読教材「英会話エクスプレス」の無料プレゼントがあなたの英会話習得の道案内役になることを心から願っています！

N	**Mike is looking at a tea mug in the dining room on Thursday.**
Mike	(While staring at the kanji characters written on a tea mug) Well, this is sardine, the weak fish means sardine.

STEP 6　イメージトレース

　STEP 4　英作文のイラストを番号順になぞりながら、3回ほど英文を音読しましょう。

まとめ

　私たちは最初に場面設定しなければいけないと強く思っています。これを克服するためには「発信源」を意識的に探して、ひと言目に発信源を述べるようにすることが大切です。最初に発信源さえ述べることができれば、あとは自然な流れで単語をつないでいけます。

English Proofreading

中村　英文ですが Thursday に違和感があります。ある木曜日が特定されている場合、普通過去の出来事なので、Mike was looking... になると思います。もし今日のことならば特別な意味がない限り、木曜日であることを省略して話すと思います。

遠藤　指摘の通り Mike was looking... と過去形にしても構わないところですね。なぜ、Mike is looking... という現在形にしているかというと、この英文は私がつくった英会話教材から引用していて、その中でナレーションは現在形で統一しているからです。テレビ番組のナレーションは現在形、過去形どちらでも大丈夫ですよね。それと同じことです。

　あと「木曜日」が出てきているのは、このストーリーで留学生マイクの月曜日から日曜日までの曜日ごとの出来事を述べているからなんで

す。ストーリーから切り出した一部分だけを見たときには、少し違和感が出てしまうのは、ある意味仕方がないところですね。

中村 あと、英文チェックという本題からはズレてしまいますが、1つ質問させてください。ナレーションにありがちな「ある日、マイクは……」の場合、英語でも One day, Mike is... という語順になるのが自然です。これは、本書で提示されている「中心から周辺へ」という流れに反しているように感じますが、どうなのでしょうか？

遠藤 これは基礎というよりも応用にあたりますが、多くの方が感じるところだと思うので解説を加えておきますね。まず例文を挙げておきましょう。童話『アリとキリギリス』の出だしの文章です。

「夏のある日、キリギリスが野原で歌っていると、アリたちがぞろぞろ歩いてきました」
One day in summer, when a grasshopper was singing in the grassy meadow, a group of ants walked by.

　この文章では One day が最初にきていますね。なぜこのほうが良いのか、イメージで確認してみましょう。

　ポイントは One が矢印で表されていることです。この矢印は「時間軸を移す」働きを表しています。日本語のように「時間枠」を設けるという感覚ではなく、「時間や場所を移す」ような感覚で使われている単語だということです。

中村 でも、本書に従えば、One day は周辺情報のはずですよね。そのような One day が最初にきても違和感がないのはなぜですか？

遠藤 その理由は、これが倒置だからです。そして、**なぜ倒置をしているのかというと、聞き手を物語に引きつけるためです**。

中村　引きつける？

遠藤　次のイラストを見てください。最初に One という矢印がきていますが、これは「時間軸を移す」働きだけでなく「聞き手を引きつける」働きもしているのです。

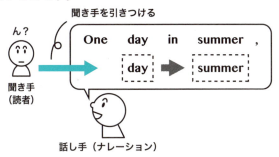

前著『英会話イメージリンク習得法』でも述べましたが、疑問文で Do や What を文頭にもってくる理由は、これらが内包している動きのニュアンス（矢印）が、聞き手を引きつけるからでした。

Did Shinichi's mother say anything?
「信一のお母さん、何か言ってた？」

これと同じで、物語のはじめに One という動きのニュアンスを含んだ単語をもってくることで、これから始まる物語に読者を引きつけているわけです。

中村　なるほど。

遠藤　「中心から周辺へ」という基礎の上に倒置という表現方法があるので、特に矛盾しているというわけではないのです。

いま One day を例に挙げましたが、yesterday や tomorrow なども同じく「時間軸を移す」という動きのニュアンスを含んだ単語です。そのため文頭にもってくることで聞き手を引きつけることができます。

　日本語では普通に「昨日さぁ……」と始めるセリフを、英語で Yesterday, ... と始めると、聞いているネイティブは何か特別なニュアンスがあるのかなと思うでしょう。特に意図がなければ肩透かしを食らってしまうわけです。微妙な肩透かしですが、連続するとそれはそれでストレスになると思います。

3 中心から周辺へ（目的）

引き続き「中心から周辺へ」がテーマです。今回は「目的」が登場します。

STEP 1　日本語のストーリー

N	翌朝、太郎は元気よくキャンプに出かけていきました。
恵子	あ〜やれやれ。花子が起きるまでのんびりしよっと。アイスコーヒーでも飲もうかな。
N	**恵子はアイスコーヒーを取り出すために冷蔵庫を開けました。**

N「恵子はアイスコーヒーを取り出すために冷蔵庫を開けました」

　今回もN（ナレーション）になったつもりで目の前の恵子がやっていることをイメージしながらナレーションしてみましょう。
　ブツブツ言ってみて頂けましたか？　それでは質問です。「恵子はアイスコーヒーを取り出すために冷蔵庫を開けました」の部分はどんな英文になるでしょうか？　……英文が思い浮かんだら、読み進めていきましょう。

STEP 2　日本語のイメージ

「恵子はアイスコーヒーを取り出すために冷蔵庫を開けました」を英文にしたとき、最初にIn order to（〜のために）が思い浮かんだ方、いらっしゃるのではないでしょうか。これもまた日本語発想なのです。

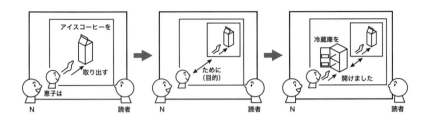

「アイスコーヒーを取り出すために」の「ために」は目的を表しています。「目的」は周辺情報にあたるので、日本語では先に述べられるわけなのです。

STEP 3　英語のイメージ

「恵子はアイスコーヒーを取り出すために冷蔵庫を開けました」の英文として In order to から始めるのはスタンダードな表現ではありません。英語のスタンダードである **「中心から周辺へ」の流れに乗るためには、ここでも発信源を最初に述べることが大切**です。

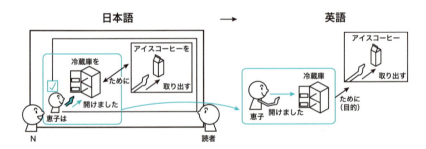

　今回の発信源は……、そうです、「☑恵子」です。文字でも「恵子は～」と最初に述べられているので、これはわかりやすいですね。
　さて、次は発信源の行為として「開けました」と「取り出す」のどちらをもってくるか。文字だと悩む方もいらっしゃるかもしれませんが、イラストだと「開けました」となるのは明らかですね。こうして行為「開けました」、宛先「冷蔵庫」を並べます。
　あとは目的を表す矢印「ために」、目的内の行為「取り出す」、宛

先「アイスコーヒー」という流れになります。

　いま「開けました」と「取り出す」のどちらにするかで、イラストから判断して「開けました」を選んだことに違和感を覚える方もいらっしゃるかもしれません。その場合は、現実の情景をイメージしてみてください。恵子が何をしているのかです。
　情景を想像していただければ、恵子が冷蔵庫を開けていることが事実で、アイスコーヒーを取り出すことはまだ現実のものになっていないことがわかりますね。**現実の情景は一番良い判断材料**です。文字に踊らされそうになったときは、ぜひ現実の情景を思い描くようにしてください。

STEP 4　英作文

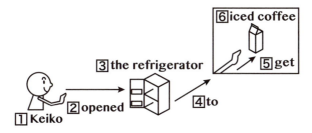

【1】	恵子	Keiko
【2】	開けました	opened
【3】	冷蔵庫	the refrigerator
【4】	ために（目的）	to
【5】	取り出す	get
【6】	アイスコーヒー	iced coffee

Keiko opened the refrigerator to get iced coffee.

　英語では「ために（目的）」は to で表します。もちろん in order to でもかまいません。

STEP 5　英語のストーリー

　今回も仕上げにブツブツ言って、ストーリーを英語で上塗りしておきましょう。

N	The next morning, Taro leaves for camping excited.
Keiko	Thank goodness, I can relax until Hanako wakes up. Maybe I'll have iced coffee.
N	**Keiko opens the refrigerator to get iced coffee.**

STEP 6　イメージトレース

　STEP 4　英作文のイラストを番号順になぞりながら、3回ほど英文を音読しましょう。

まとめ

　目的を説明することも一種の場面設定と言えます。私たちが英語をうまく使いこなすためには、前回と同じようにひと言目に発信源を述べることと、それに続く発信源の行為として「現実の行為」をもってくるようにすることが大切です。

4 発信源に注目する

基本変換の最後に、「視点依存」している日本語のイメージから「発信源依存」している英語のイメージへの変換方法を確認しましょう。

STEP 1　日本語のストーリー

N	太郎は来週のキャンプに備えてカレーの作り方を恵子に教わっています。
恵子	じゃあ、まずはお米を洗って。
太郎	何合？
恵子	5合くらい炊いておいて。

N「太郎はカレーの作り方を恵子に教わっています」

今回もN(ナレーション)になったつもりで目の前の情景をイメージしながらナレーションしてみましょう。太郎と恵子のやり取りも含めて、ストーリー全体を2回ブツブツ言ってみてください。

それでは質問です。「太郎はカレーの作り方を恵子に教わっています」の部分はどんな英文になるでしょうか？　……思い浮かびましたか？　それでは確認していきましょう。

STEP 2　日本語のイメージ

「太郎はカレーの作り方を恵子に教わっています」を英語にしたとき、主語に「太郎」をもってきて Taro is taught... とした方は結構いらっしゃると思います。残念ながら、この表現はとても不自然な英語なのです。なぜ私たちはこの表現を思いつきやすいのか、日本語のイメージから探ってみましょう。

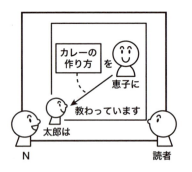

　日本語は誰かの視点から見た状況を描写します。誰の視点を元にするかというと、物語であれば主人公視点になるのが一般的です。今回のストーリーで言えば、主人公である「太郎」から見える状況を描きます。そのため「カレーの作り方を教わっている」という表現になるわけです。

STEP 3　英語のイメージ

　英語は誰かの視界を前提としていないので、主人公視点も当然ありません。代わりに**「どちらからどちらへ」行為が向かうのか、その起点となる発信源が重要になる**わけです。

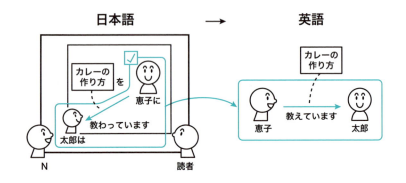

　それでは今回の発信源は何でしょう。太郎？　……いいえ、太郎は教わっているので行為を受けるほうです。すると……そうです、「☑恵子」が教える行為の発信源です。

発信源「恵子」、行為「教えています」、宛先「太郎」と並べ、最後に太郎に届いた内容として「カレーの作り方」となるわけです。

STEP 4　英作文

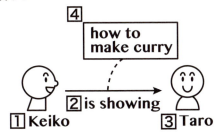

【1】	恵子	Keiko
【2】	教えています	is showing
【3】	太郎	Taro
【4】	カレーの作り方	how to make curry

Keiko is showing Taro how to make curry.

　「カレーの作り方」は how to make curry です。「〜の仕方」は how to... で表現されます。また「教えています」が teach ではなく show となっていますが、これは「恵子がやり方を見せている」という状況によるものです。teach は先生が授業で教えるようなニュアンスで使われる単語のため、この状況では不適切になります。

STEP 5　英語のストーリー

　今回も仕上げにブツブツ言って、ストーリーを英語で上塗りしておきましょう。

> N　　　**Keiko is showing Taro how to make curry** before he goes to camp next week.
> Keiko　So, first, wash the rice.
> Taro　　How many cups?
> Keiko　Cook about five cups.

STEP 6　イメージトレース
　STEP 4　英作文のイラストを番号順になぞりながら、3回ほど英文を音読しましょう。

まとめ
　私たちは誰かの視点で物事を見ることに慣れてしまっています。特に主人公が明確なストーリーだと、その傾向は顕著になります。これが Taro is taught... のようなネイティブ的には不自然な英語をつくってしまう原因の1つだったのです。
　対策は発信源から言い始めることです。日本語で受け身になっている文章の場合は、向かってくる行為の起点となっている人やモノが発信源になるので、そこから言い始めることを意識してください。

5 練習問題

次の問題文と日本語イメージから、英語のイメージ・英作文を行いなさい。

問題1

N	恵子がゴミ袋を持って玄関に向かうと太郎の筆箱が置いてありました。
恵子	**また忘れてる！** ホントに不注意なんだから！

■問題文
恵子「また忘れてる！」

■日本語のイメージ

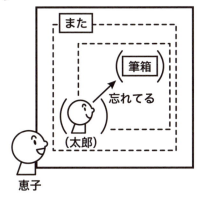

■英語のイメージ

記入欄

■英作文（以下に記入せよ）

問題2

N	**恵子がリビングで洗濯物をたたんでいます。**その横で太郎は漫画を読んでいます。
花子	オギャー、オギャー。
恵子	太郎、ちょっと花子見てきてくれない？
太郎	えーっ！？　いま忙しいんだよ。
恵子	（嫌味っぽく）別に勉強してくれてもいいのよ。
太郎	（すばやく立ち上がり）さあ、花子〜。お兄ちゃんがオムツ替えてあげるからな。

■問題文
N「恵子がリビングで洗濯物をたたんでいます」

■日本語のイメージ

■英語のイメージ

```
┌─────────────────────────┐
│         記入欄          │
│                         │
│                         │
│                         │
│                         │
│                         │
│                         │
└─────────────────────────┘
```

■英作文（以下に記入せよ）

_____

問題3

N	加奈がバイトをしているラーメン屋にカメラとマイクを持った人たちが入っていきます。
大和	おいおい見ろよ。あれ、テレビの取材じゃない？
智一	しかも、加奈がインタビューに答えとる！ **写真まで撮られとるし！**
大和	明日、学校行ったら、散々自慢されそうだな。
智一	（うんざりした様子）たぶんな。

■問題文
智一「写真を撮られとる！」

■日本語のイメージ

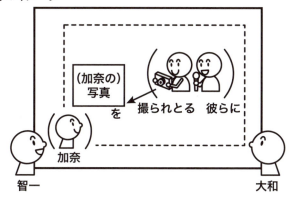

■英語のイメージ

記入欄

■英作文（以下に記入せよ）

解説1
■英語のイメージ

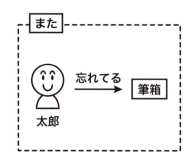

　登場人物の中から「太郎」を発信源として、発信源からの行為「忘れてる」、行為の宛先「筆箱」を並べています。この問題のポイントは「太郎」を表に出して主語にすることです。また、「忘れてる」行為の宛先である「筆箱」も表に出します。

■英作文

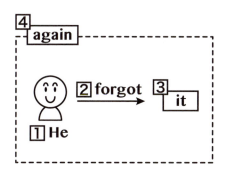

【1】 太郎　　　　　He（Taro）
【2】 忘れてる　　　forgot
【3】 筆箱　　　　　it（his pencil case）
【4】 また　　　　　again

He forgot it again!

■英語のストーリー

N	Keiko takes the garbage and heads to the front door, when she sees Taro's pencil case on the floor.
Keiko	**He forgot it again!** He's so careless!

解説2

■英語のイメージ

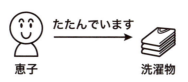

　登場人物の中から「恵子」を発信源として、発信源からの行為「たたんでいます」、行為の宛先「洗濯物」を並べています。

■英作文

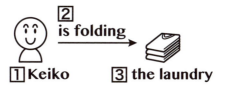

【1】	恵子	Keiko
【2】	たたんでいます	is folding
【3】	洗濯物	the laundry
【4】	リビング	in the living room

Keiko is folding the laundry in the living room.

■英語のストーリー

N　　　　**Keiko is folding the laundry in the living room.** Taro is reading manga next to her.
Hanako　Wah, wah.
Keiko　　Taro, can you go check on Hanako?
Taro　　 What? I'm busy right now.
Keiko　　(Sarcastically) You could study instead.
Taro　　 (Stands up quickly) OK, Hanako. Do you want me to change your diaper?

解説3
■英語のイメージ

　登場人物の中から「彼ら（カメラとマイクを持った人たち）」を発信源として、発信源からの行為「撮っている」、行為の宛先「加奈の写真」を並べています。

　ポイントは発信源である「彼ら」を左に置いて、主語にすることです。次に、元々の日本語「撮られとる」を発信源からの行為として「撮っている」に置き換えます。最後に、目的語として「写真」ではなく「加奈の写真」とします。

■英作文

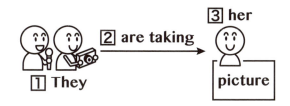

【1】彼ら　　　　　　They
【2】撮っている　　　are taking
【3】加奈の写真　　　her picture

They are taking her picture.

■英語のストーリー

N　　　　Those with a camera and a microphone are entering the ramen restaurant where Kana works.
Yamato　Hey look at that. Isn't that a TV crew?
Tomo　　And they're interviewing Kana! **They're even taking her picture.**
Yamato　I am sure she will be bragging about it at college tomorrow.
Tomo　　(Looking fed up) No doubt about it.

☕ Coffee Break

イメージを使って登場人物を場に出す

遠藤 ここまでで何かありますか？

今井 英会話で難しいところがうまく説明されているなと感じました。僕も英会話をはじめた頃に知っておきたかったですね。

遠藤 どこでそう感じましたか？

今井 「登場人物を場に出す」です。当時の課題は「誰が話の中心なのか、誰を主語にしたらいいのか」だったんですね。「何度も起こしたわよ」という文章１つとってみても、僕は誰を主語にしたらいいのかわからなかったんです。登場人物を場に出すことがあらかじめわかっていたら、もう少し迷子にならずに済んだだろうなと思いました。

遠藤 登場人物が省略されているかもしれないと意識することは大切ですね。しかし、そもそも日本語だけで考えると、省略されている人を意識するのは難しいことなんです。省略するのが自然だからこそ省略されているわけですから。そのため本書では日本語だけではなくイメージも使って登場人物を場に出すようにしているわけです。

今井 日本語だけで考えていると、取っ掛かりが少ないんですよね。

遠藤 イメージが大事と言うと、これまでそんなのしたことがないと思うかもしれません。しかし、実際の会話は「イメージの交換」とも言えるのです。話すときも聞くときも言葉を介してイメージをつくりあげます。ただ、あまり意識していないだけなのです。

今井 イメージしながら聞くってレベル感にもよると思いますけど、真剣にやろうとしたら大変そうですね。

遠藤 私たち大人はある程度パターンを覚えてショートカットしながら聞いているのだと思います。

今井 他人の話を聞き流しながら別のことができる人は、そういうショートカットをたくさんもっているんでしょうね。

現実を英語のモノの見方で見てみる

遠藤　突然ですが、今井くんは英文法と聞いて何が思い浮かびますか？

今井　SVなどの文型ですね。やはり学校の退屈な授業が思い浮かびます。

遠藤　多くの日本人にとっての英文法は、いま今井くんが述べてくれたイメージに近いと思います。私はそれが大変不満なんです。

今井　なぜですか？

遠藤　本来、英文をつくることは英語のイメージをつくることと表裏一体なんです。その意味で**英文法は英語の世界観を解説したもの**であるはずなんです。

　それが文型に英単語を押し込んで英文をつくっておしまい。間違えていても、その理由は「文型・構文通りになっていないから」。それ以上のことを伝えられていないわけです。

今井　確かに学校の英語は文字をいじってばかりという印象はありましたね。そういうもんだと思っていましたが……。

遠藤　私たちの頭の中は日本語に合った処理をするようになっています。いわば日本語のイメージをつくる回路ができあがっているわけです。それとは別に英語のイメージをつくる回路を新しく設置することが英文法の役割のはずです。

今井　なんとなく英語脳のようなキーワードが思い浮かびました。

遠藤　そう言い換えてもいいですね。

今井　英語脳をつくるって、この本で述べてきた内容がまさにそうですよね。ということは、遠藤さんは英文法を解説している感覚なんですか？

遠藤　まさにその通りです。**英語の世界観がつかめれば、あと英文をつくるのに必要なのは英単語のイメージだけ**。これらを解決して、もっと英会話のハードルを下げたいと思っています。

今井　しかし、英語脳を身につけるのは簡単ではないですよね。日本語脳だって、相当長い時間をかけて身についたものでしょうし……。このあたりはどう考えているんですか？

遠藤　私たちが小さい頃、日本語脳を身につけていったときには、現実

に見えているものと照らし合わせながら学んでいったはずです。しかし、英語のときにはそれらを無視しがち。でもやはり「現実」が最も良い教材であることは間違いないのです。

今井 それは**現実に見えているものを英語脳にしたがって見てみる**とかでもいいんでしょうか？　たとえば「コンビニの前をネコが横切った」風景があったとして、それを「ネコ」「横切った」「前」「コンビニ」のように視線を動かしてみるとか。

遠藤 それはとても良いトレーニングですね！　できれば指差しも加えてください。そうすることで体に覚えさせることができます。

　実はそれを意図しているのが、イメージトレースのステップなのです。書籍ではイラストで説明せざるを得ませんが、やり方を覚えてもらって、ぜひ現実世界でもイメージをなぞってみてください。

第2節　文の要素を変換する

　ここまで日本語から英語への基本変換を学びました。次は「受け身の知覚表現」「存在表現」「場の背景」という文の要素を変換するパターンを扱います。

1 受け身の知覚表現

「見える、聞こえる」という「受け身の知覚表現」が英語でどのように表現されるのか確認していきましょう。

STEP 1　日本語のストーリー

N	太郎の家では恵子が太郎の帰りを待ちわびています。と、そのとき**救急車のサイレンが聞こえてきました**。恵子は心配そうに窓の外を見ます。
花子	オギャー、オギャー。
恵子	あら、花子、起きちゃったの？（心配そうに）まったく、太郎は何やってんのかしら。

N「救急車のサイレンが聞こえてきました」

　今回もN(ナレーション)になったつもりで目の前の情景をイメージしながらナレーションしてみましょう。ストーリー全体を2回ブツブツ言ってみてください。
　さて、それでは質問です。ナレーションの「救急車のサイレンが聞こえてきました」の部分だけを英文にしたいと思います。どんな英文になるか考えてみてください。……思い浮かびましたか？　それでは次に進みましょう。

STEP 2　日本語のイメージ

「救急車のサイレンが聞こえてきました」の英文を考えたとき、Siren can be heard のような英文が思い浮かびませんでしたか？ この Siren を最初に取り上げてしまうのも日本語の発想によるものです。日本語のイメージを確認してみましょう。

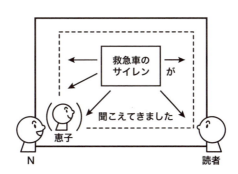

　この文は正確には、その場全体に「サイレンが聞こえてくる」と解釈するべきものです。イラストではサイレンが四方八方に音を発していて、その場にいる人にとっては音を受け身的に受け取っていることになります。

　さて、この場には誰がいるのでしょうか？　……そうですね、「恵子」です。「救急車のサイレンが聞こえてきました」という文章に「恵子」は表現されていませんが、場全体を考えたときには恵子の存在を意識してあげることが重要なのです。

STEP 3　英語のイメージ

「救急車のサイレンが聞こえてきました」を英語にするとき Siren から始めてしまうのは、日本語上ではサイレン以外に登場人物が見当たらないからです。また Siren を主語にしても、今度は「聞こえてきました」が表現できず、行き詰まってしまうわけです。

　ポイントは受け身の知覚表現「聞こえてくる」を、能動的な知覚表現「（意識せず）聞く」に置き換えることです。

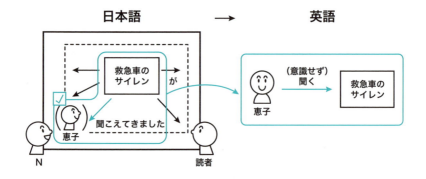

　行為「（意識せず）聞く」の発信源は「☑恵子」ですね。「恵子」を発信源として、行為「（意識せず）聞く」、宛先「救急車のサイレン」と並べれば英語イメージへの変換が完了です。

STEP 4　英作文

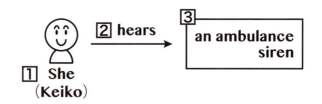

【1】恵子　　　　　　　She（Keiko）
【2】（意識せず）聞く　hears
【3】救急車のサイレン　an ambulance siren
She hears an ambulance siren.

　無意識のうちに聞く行為には hear を使い、意識して聞くときには listen を使います。

STEP 5　英語のストーリー

　仕上げにブツブツ言って、ストーリーを英語で上塗りしておきま

しょう。

N	At Taro's house, Keiko is waiting impatiently for Taro to return, when **she hears an ambulance siren**. Keiko anxiously looks out the window.
Hanako	Wah, wah.
Keiko	Oh, Hanako, did you wake up?（Anxiously） Honestly, I wonder what's taking Taro so long.

STEP 6　イメージトレース

　STEP 4　**英作文**のイラストを番号順になぞりながら、3回ほど英文を音読しましょう。

まとめ

　日本語では「聞こえてくる」という「行為が向かってくる」表現が可能ですが、英語ではそのように表現することができません。そのため能動的な表現として「（意識せず）聞く」に変換して、知覚する主語として「恵子」をもってくる必要があります。受け身の知覚表現「聞こえる、見える」については「（意識せず）聞く、（意識せず）見る」と置き換える癖をつけるとよいでしょう。

2 存在表現

日本語によく出てくる存在表現「ある」について確認していきましょう。

STEP 1　日本語のストーリー

N	夕食後、恵子が食器棚にお皿を入れています。
守	太郎、ドライブ行くか？
太郎	うん。いいね。
恵子	えー、いまから？　もう遅いから、やめなさい。（守に向かって）**明日も太郎は学校があるのよ。**
守	ちょっとぐらい、いいだろ。男同士の話があるんだよ。なあ、太郎。
恵子	何が男同士の話よ。用もないのに車に乗らないでよ。

恵子「明日も太郎は学校がある」

　恵子になったつもりで目の前にいる太郎や守とのやり取りを想像してみてください。実際に情景を脳裏に描きながら、ブツブツ言ってみていただければと思います。

　さて、毎度ですが質問です。恵子の「明日も太郎は学校がある」というセリフを英語にしたいと思います。どんな英文になるか考えてみてください。……思い浮かびましたか？　それでは次に進みましょう。

STEP 2　日本語のイメージ

　「明日も太郎は学校がある」を英文にしたとき、存在を表している「ある」に引きずられて There is a school や School exists のような英文が出てきた方が多いのではないでしょうか。実は「ある」という日本語はクセ者なのです。そこから確認していきましょう。

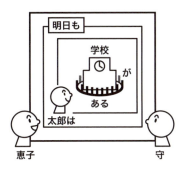

「明日も太郎は学校がある」という文は単純に学校が存在することを表しているのではありません。「太郎は」と「学校がある」の組み合わせで「太郎の関係する中に学校が存在する」つまり「太郎の予定として学校がある」という意味を表しているわけです。

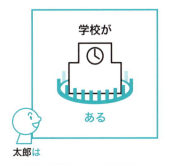

太郎の関係する中に学校が存在する

　日本語では、視界・領域を表す「〜は」と存在を表す「ある」の組み合わせで「関係性」を表現することができるのです。

STEP 3　英語のイメージ
　英語は誰かの視界を前提としていないので、**何かが誰かと関係をもっている場合は、その関係性を明示する必要があります。**

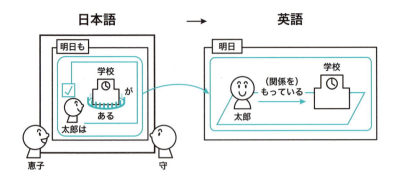

　ポイントは「太郎は〜ある」に含まれている関係性を表すために、「太郎は（関係を）もっている」と言い換えることです。具体的には「☑太郎」を発信源として、行為「（関係を）もっている」、宛先「学校」と並べることで、「太郎の関係する中に学校がある」ことが表せるわけです。

STEP 4　英作文

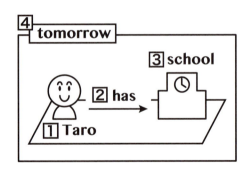

【1】太郎　　　　　　　　　Taro
【2】（関係を）もっている　　has
【3】学校　　　　　　　　　school
【4】明日　　　　　　　　　tomorrow

Taro has school tomorrow.

　英語で関係性を表すときに使われるのが have です。Taro has

schoolで「太郎は学校と関係をもっている」となります。

STEP 5　英語のストーリー

仕上げにブツブツ言って、ストーリーを英語で上塗りしておきましょう。

N	Keiko is putting back the plates into the cupboard as she cleans up after dinner.
Mamoru	Taro, shall we go for a drive?
Taro	Yeah, sure.
Keiko	What? Now? It's too late, you shouldn't go. **He has school tomorrow.**
Mamoru	It's just for a little while. We need to have a man-to-man talk, right Taro?
Keiko	What man-to-man talk? Don't take the car out for no reason.

STEP 6　イメージトレース

STEP 4　英作文のイラストを番号順になぞりながら、3回ほど英文を音読しましょう。

まとめ

「明日も太郎は学校がある」を英語にするとき「学校がある」ばかりに注目してしまうと、There is a schoolやSchool existsという表現が思い浮かんでしまいます。しかし、日本語の「ある」は「太郎は」との組み合わせで関係性を表しています。この関係性を英語でも表現する必要があったのです。

英語では関係性を表すときにhaveを使います。Taro has school tomorrow.で「明日、太郎の関係する中に学校がある」つまり「太郎の明日の予定として学校がある」という意味になります。

日本語に「ある」が出てきて、単純な存在ではなく関係性を表しているときはhaveを使うと覚えておくとよいでしょう。

3 場の背景（状況）

　最後に「場の背景」を扱います。「場の背景」は日本語では普通省略されるものなのでイメージしにくいかもしれませんが、英語ではよく使われるのでしっかりおさえておきましょう。

STEP 1　日本語のストーリー

N	太郎が激しくトイレのドアをノックしています。
太郎	お父さん、早く出てよ。漏れちゃうだろ。
守	（トイレを流す音）漏れそうになるまで寝てるなよ。
太郎	うわ！　臭(くさ)っ！　一体、何食ってんだよ。
守	ブツブツ言ってないで、さっさと済ませろ！　遅刻するぞ。

太郎「臭っ」

　太郎になったつもりで目の前にいる守とのやり取りを想像してみてください。ぜひ臨場感たっぷりにブツブツ言ってみていただければと思います。
　はい、それでは太郎の「臭っ」というセリフを英語にしてみましょう。どんな英文になりましたか？　……英語が思い浮かんだら続きを読み進めていきましょう。

STEP 2　日本語のイメージ

　「臭っ！」に対応する英語として Bad smell! が出てきた方、いらっしゃると思います。間違いとは言えませんが、残念ながら自然な英語とも言えないのです。まずは「臭っ」という日本語のイメージについて確認していきましょう。

「臭っ」は形容詞「臭い」が変形したものです。「臭い」は言葉的には状態を表しているだけですが、太郎視点で見たときにはニオイが漂ってきているという動きのあるニュアンスを含むようになります。これをイラストではトイレ空間からニオイが漂ってきているように表しています。

STEP 3　英語のイメージ

「臭っ」を Bad smell. にしてしまうのは、日本語上ではニオイ以外に登場人物が見当たらないからです。また動詞も見当たらないので、Bad smell. で終わりにせざるをえません。

しかし、Bad smell. は日本語で言えば「悪臭」と言っているようなもので、自然な英語とは言えません。**自然な英語にするためには「臭っ」に含まれる「ニオイが漂ってきている」動きのニュアンスを表現する必要がある**のです。

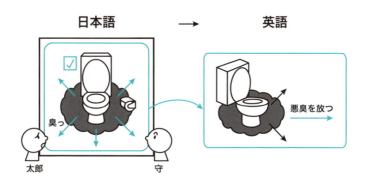

ポイントは「ニオイが漂ってくる」を「悪臭を放つ」と言い換えること、さらに悪臭を放っている発信源として「☑トイレ空間」を言語化することです。

　この「トイレ空間が悪臭を放っている」という文章、意味はわかりますが、かなり不自然な日本語ですよね。なぜ私たちにとって不自然に感じられるかというと、日本語では背景にある状況を普通言語化しないからです。
　しかし、英語は真っ白なキャンバスに描いていく言語なので、その背景にある状況も含めて、すべてを客観的に述べる必要があります。「トイレ空間」という背景も場に出す必要があるのです。

STEP 4　英作文

【1】場の背景（トイレの空間）　It
【2】悪臭を放つ　　　　　　　　stinks
It stinks.

　英語では「場の背景（状況）」を it で表します。

例文1　It's a fine day.「いい天気だ」
例文2　It's snowing.「雪が降っている」
例文3　It's dark outside.「外は暗い」

「天気」「日時」「寒暖」「明暗」などについて話したいとき、その背景にある状況を it で表します。

STEP 5　英語のストーリー

仕上げにブツブツ言って、ストーリーを英語で上塗りしておきましょう。

N	Taro bangs on the bathroom door.
Taro	Dad, hurry up. I can't hold it anymore.
Mamoru	(Toilet flushes) Then don't sleep in so late that you can't hold it.
Taro	Ugh! **It stinks!** What on earth did you eat?
Mamoru	Quit complaining and get on with it! You're going to be late.

STEP 6　イメージトレース

STEP 4　英作文のイラストを番号順になぞりながら、3回ほど英文を音読しましょう。

まとめ

日本語では「臭っ」に動きのニュアンスを感じることができます。しかし、英語は誰かの視界を前提としていないため、「ニオイが漂ってくる」という動きのニュアンスを言葉で表現する必要があります。

そのために「ニオイが漂ってくる」を「悪臭を放つ」と言い換えます。そして悪臭を放っている発信源を探すと、場の背景である「トイレ空間」が見つかるはずです。英語では、このような場の背景を it で表すことも合わせて知っておいてください。

4 場の背景（時）

STEP 1　日本語のストーリー

> 恵子　（怒ったように）太郎！　早く起きて朝ごはん食べなさい。
> 太郎　（寝ぼけて）いま何時？
> 恵子　**7時よ。**

恵子「7時（よ）」

　既出のストーリーですが、恵子になったつもりでまたブツブツ言ってみていただければと思います。
　さて、それでは恵子の「7時よ」というセリフを英語にしてみましょう。思いつきましたか？　それではさっそく確認していきましょう。

STEP 2　日本語のイメージ

「7時よ」を Seven o'clock. とした方はいらっしゃいませんか？……今回は「It's seven (o'clock). でしょ！」というお声が聞こえてきそうですね。そうです、今回の正解は It's seven. です。それでは、この it は何を表しているのでしょうか？　それを探るために、まずは「7時よ」という日本語のイメージについて確認していきましょう。

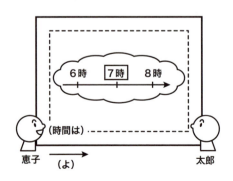

日本語の「7時よ」は「時間は7時よ」の省略です。「時間は」の「〜は」は枠をつくります。この時間枠の背景には、過去・現在・未来と続く「時の流れ」のようなものがあります。イラストでは、その時の流れをもくもく内の時間軸で表現しています。

STEP 3　英語のイメージ

「7時よ」は It's seven. だと既に述べました。この it は何なのかが問題でしたね。

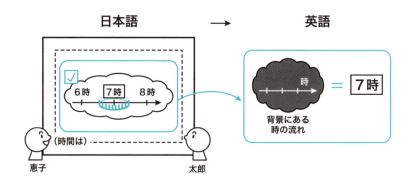

　結論から述べると、この it は先ほど出てきた「☑時の流れ」です。日本語では時間枠の中に背景として存在する「時の流れ」ですが、英語ではこの「時の流れ」も言語化する必要があります。それが it の正体ということになります。

STEP 4　英作文

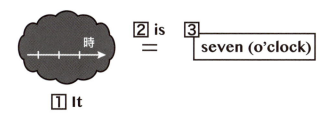

【1】場の背景（時の流れ）	It
【2】イコール（等しい）	is
【3】7時	seven（o'clock）

It's seven.

STEP 5　英語のストーリー

仕上げにブツブツ言って、ストーリーを英語で上塗りしておきましょう。

Keiko　（Angrily）Taro! Hurry up. Get up and have your breakfast.
Taro　（Half-asleep）What time is it?
Keiko　**It's 7:00.**

STEP 6　イメージトレース

STEP 4　英作文のイラストを番号順になぞりながら、3回ほど英文を音読しましょう。

まとめ

　この例文における it は「時の流れ」を表していますが、1つ前の「トイレ空間」よりは存在感の薄いものとして感じられたと思います。

　この「時の流れ」からさらに存在感が薄くなっていくと、「empty の it（空(カラ)の it）」と呼ばれるようになります。それがいわゆる形式主語です。つまり、この延長線で考えることで英語における形式主語も理解できるようになるというわけです。

5 練習問題

次の問題文と日本語イメージから、英語イメージ・英作文を行いなさい。

問題1

> （夕食後）
> 守　　　それじゃあ、花火でもするか？
> 太郎　　イェーイ！
> （庭に出て）
> 太郎　　あっ、**月が見えるよ。**
> 恵子　　ホント、きれいねぇ。……なんだかお団子、食べたくなってきちゃった。
> 守　　　さっき晩ごはん食べたばっかりじゃないか。太るぞ。

■問題文
太郎「月が見える」

■日本語のイメージ

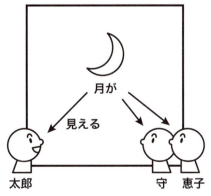

■英語のイメージ

```
┌─────────────────────────┐
│         記入欄           │
│                         │
│                         │
│                         │
│                         │
│                         │
│                         │
└─────────────────────────┘
```

■英作文（以下に記入せよ）

_____

問題2

> （サッカーの試合にて。0-1で負けたままロスタイムに入って）
> 信一　　やばい、もうダメだー。
> 太郎　　**時間はまだある。頑張ろう！**

■問題文
太郎「時間はまだある」

■日本語のイメージ

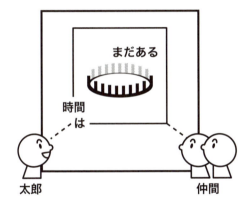

■英語のイメージ

|記入欄|

■英作文(以下に記入せよ)

_____

問題3

> N　　　大和が玄関の引き戸を引いて、家に入ります。
> 大和　　こんにちは。お邪魔します。
> 智一　　いらっしゃい。外暑かったやろ。上がって。
> 大和　　**ほんと暑い！**　汗が止まらないよ。
> 智一　　なんか冷たいもん飲む？
> 大和　　ありがとう！　もらうよ。

■問題文

大和「暑い」

■日本語のイメージ

■英語のイメージ

```
        記入欄
```

■英作文（以下に記入せよ）

_____

解説1

■英語のイメージ

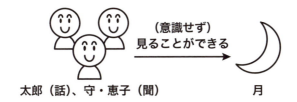

「太郎・恵子・守」を発信源として、発信源からの行為「（意識せず）見ることができる」、行為の宛先「月」を並べます。

日本語では「見える」という「行為が向かってくる」表現が可能ですが、英語ではそのように表現することができません。そのため能動的な表現として「（意識せず）見ることができる」に変換して、知覚する主語として太郎・恵子・守を左にもってくる必要があります。

■英作文

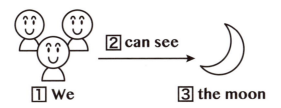

【1】太郎・恵子・守　　　　　　　　　We
【2】（意識せずに）見ることができる　can see
【3】月　　　　　　　　　　　　　　the moon

We can see the moon.

■英語のストーリー

(After dinner)
Mamoru　Well then, do you want to do some fireworks?
Taro　　Yes!
(Going outside to the yard)
Taro　　**We can see the moon.**
Keiko　 Yes, isn't it beautiful? I feel like eating some dango.
Mamoru　You just had dinner. You'll get fat.

解説2

■英語のイメージ

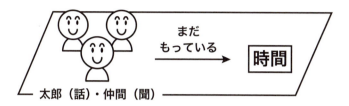

「太郎・仲間」を発信源として、発信源からの行為「まだもっている」、行為の宛先「時間」を並べます。

「時間はまだある」という日本語ですが、これは単純に時間が存在していることを表すのではなく、「太郎・仲間の関係する範囲に存在する」ということを表しています。この場合は、「太郎・仲間がもっている」と所有のニュアンスになります。

■英作文

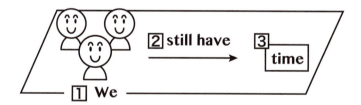

【1】太郎・仲間　　We
【2】まだもっている　still have
【3】時間　　　　　time

We still have time.

■英語のストーリー

> (At a soccer game. The score is 0-1, and they are now on additional time.)
> Shinichi　Oh, it's hopeless.
> Taro　　　Come on, **we still have time.**

解説3

■英語のイメージ

　登場人物の中から「場の背景（状況）」を発信源として、発信源からの行為「イコール（等しい）」、行為の宛先「暑い」を並べます。

■英作文

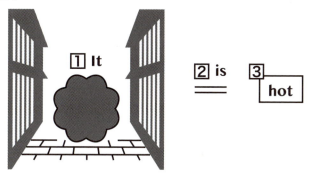

【1】場の背景（状況）　　　It
【2】イコール（等しい）　　is
【3】暑い　　　　　　　　　hot

It is hot.

「場の背景」として「目の前に見えている状況」を it で表現して

います。

■英語のストーリー

N	Yamato slides open the front door.
Yamato	Good afternoon.
Tomo	Hey, welcome. It's so hot today, isn't it? Come on in.
Yamato	**It really is hot!** I can't stop sweating.
Tomo	Do you want something cold to drink?
Yamato	Yeah, thanks.

☕ Coffee Break

日本語では背景を認識していない

今井 背景にある状況を it で表すって難しいですね。何か具体的な物があって、それが臭いときに It stinks. は言いやすいんですが……。

遠藤 目に見えている場合は、日本語の「それ、臭いね」に近いので、まだ it と言いやすいですね。目に見えていないものを it で表すのは、私たちにとっては大変難しいことです。

今井 目に見えていないもの、ですか？

遠藤 今回の「トイレ空間」は見えているようで、見えていないものなのです。本当はそこにあるものですが、私たちは**日本語で「トイレ空間が臭い」と表現しないので、明確に認識していないのです。**

今井 そういうことですか。

遠藤 それに対して英語の It stinks. は「トイレ空間が臭い」（正確には「トイレ空間が悪臭を放っている」）という表現になっています。It's seven. も「時の流れの中で7時です」と言っているわけです。

　これが Seven. や Bad smell. だけだと、聞き手がネイティブの場合、What do you mean by "Bad smell?"（Bad smell. ってどういう意味？）と言われかねません。

今井 個人的には、そんな細かいことを言い返してくるネイティブとは友だちになりたくないですけどね。それくらいわかれよって思っちゃいますから。

遠藤 そうですね。臭いニオイが漂っているんだろうから Bad smell. でわからない相手もどうかしているという指摘は一理あります。まあ、でもやっぱりネイティブにとっては少し不自然さが残るのです。

　それが日本人相手だと Bad smell. でも意味が通じる。それは私たちには、その場に入り込んで聞く癖があるからです。勝手に話し手の視界を想像して聞いているので Bad smell. だけで大丈夫なのです。

今井 僕もたまに英会話で詰まってしまって、どう表現したらいいかわからなくなることがあるんですが、いまの説明を聞いて、その原因が何

となくわかった気がします。

　たぶん英語的なモノの見方をしていたはずなのに、あるタイミングで日本語的なモノの見方が入ってきてしまうんでしょうね。

　だから、日本語的なモノの見方と英語的なモノの見方がどういうものなのかを知っておくことは、そういうパニック状態から立ち直るのにも役立ちそうだなと改めて思いました。

日本人は静的な表現を使いがち

遠藤　いまの話を推し進めると、**日本語は静的な表現がよく使われて、英語は動的な表現がよく使われる**と言えます。

今井　急に難しくなりましたね。もう一度お願いします。

遠藤　「臭っ / It stinks.」だと、日本語の「臭い」というあまり動きが感じられない表現に対して、英語では stink（悪臭を放つ）という動きのある表現が使われています。こういうことが一般的にも言えるということです。

今井　そうなんですか？

遠藤　はい。日本語には話し手視点が前提にあるので静的な表現でも、ニオイが漂ってくるようなニュアンスを表現できます。英語は誰かの視界を前提としていないので、「悪臭を放つ」のような動的な表現が必然的に増えるのです。

　このことは英会話で大きな問題として出てきます。なぜなら、**英語を話すときにも日本語的な感覚で静的な表現を使いがちになる**からです。

今井　具体例を挙げてもらえますか？

遠藤　次の例文を考えてみましょう。

> N　　　　信一の部屋の本棚には漫画がぎっしり並んでいます。
> 太郎　　　すげえ！　**これ、全巻揃ってるの？**
> 信一　　　うん。揃ってるよ。貸してあげようか？
>
> N　　　　　The bookcase in Shinichi's room is filled with manga.
> Taro　　　Wow! **Do you have the whole series?**
> Shinichi　Yup. I can lend you some.

　日本語の「揃ってる」は、そこにセットで存在している状態を表しているだけなので、静的な表現ですね。この感覚を引きずってしまうと、The whole series exists? とか Are there the whole series?、Are these the whole series? のような英語を使いがちになるのです。

今井　「全巻ある？」のつもりなんだけど、まったく通じないってやつですね。

遠藤　英語は視界が前提にないので、「全巻が存在する」ことだけを述べても意味が通じません。持ち主である信一の場の上に「全巻が存在する」ことを述べて、初めて意味が通じるわけです。

今井　「全巻が存在する」だけだと宙に浮いている感じになるんですね。

遠藤　そんな英語において「場をつくる」ために使われるのが have なんです。ここで have のコアイメージを紹介しておきましょう。

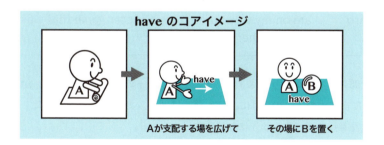

have のコアイメージ

Aが支配する場を広げて　　その場にBを置く

　have は「もっている」という意味で捉えられがちですが、「主語 A の場の上に B を置く」というイメージの単語なんです。つまり、**主語の場**

をつくる働きが have にあるんですね。

今井　そうだったんですね。そういえば何かの参考書に「have と take と get がわかれば、英会話は 8 割くらいわかる」って書いてありました。それくらい have は重要だってことですね。

遠藤　そうですね。このような特徴から**「英語は have 言語、日本語は be 言語」**と言われることもあります。

その場面設定は言わなくてもいいことかも

今井　「日本語は be 言語」というのは、日本語では「ある」などの存在を表す表現がよく使われるという意味で合っていますか？

遠藤　合っています。「英語は have 言語、日本語は be 言語」に関連して、日本人が間違えやすい例文を挙げておきます。

N	信一が河川敷を自転車で通っていると太郎を見つけました。
信一	あれっ、太郎じゃん。何やってんの？
太郎	おぉ、いまそこでサッカーの**大会があってね**。試合が終わって帰るところなんだよ。
N	Shinichi was biking along the banks of the river when he saw Taro.
Shinichi	Hey, Taro. What are you doing here?
Taro	I am on my way home from a soccer game that was held over there.

　太郎の日本語のセリフは「いまそこでサッカーの大会があってね」から始まってますよね。このように、日本語では「サッカーの大会があった」という周辺情報を述べるのが先になります。

今井　これは、1 つの文内に「周辺から中心へ」という流れがあるだけではなくて、複数の文章を述べるときも「周辺から中心へ」という話の流れがあるってことですか？

遠藤　その通りです。私たちは場面設定をしておかないと相手に伝わらないだろうと思うわけですが、それ自体が日本語的な発想だということです。
　一方で、英語は I am on my way home from a soccer game that was held over there.（あのあたりで行われていたサッカーの試合から、いま帰っているところ）となっていて、「サッカーの大会」にはまったくふれていません。しかし、言いたいことは伝わっているのではないでしょうか。

今井　信一の質問「何をやってるの？」に対して、太郎は「帰宅中であること」と「サッカーの試合をしたこと」を伝えていて、ちゃんと答えていますもんね。日本語との比較をしなければ、違和感ない会話ですね。

遠藤　私たちは**「サッカーの大会があってね」を一生懸命英訳しようとするのですが、そもそも言わなくてもいいことかもしれないのです**。もちろん話し相手や内容によって、どこまで述べるかは異なるので、一概には言いにくいところですが、少なくとも英語では場面設定よりも「誰が何をした」を先に意識する必要があるのは間違いありません。

今井　こうやって具体例を挙げて指摘されないとなかなか気づかないですね。

遠藤　問題はもう１つあります。先ほどの「サッカーの大会がある」のように、**場面設定においては「ある」などの存在表現がよく使われます。**

今井　場面設定はそこに「ある」ものですから、それはそうなりますよね。

遠藤　ただでさえ、場面設定から話を始めるのは英語的な流れにそぐわないのに、ここに先ほどの exist や there is/are をもってきてしまうと、英語的には何がなんだかさっぱりわからなくなってしまうんです。

今井　なるほど。英語では普通「中心から周辺へ」話を述べていくのに、日本人が話す英語は周辺から述べられやすくて、さらにその周辺情報も誰と関係していることなのかわからない表現になりやすいわけですね。

遠藤　二重にズレが発生しているわけですので、ぜひ気をつけて頂けたらと思っています。

第3節　文全体を変換する

　ここからは日本語と英語のあいだにズレが大きい表現として、「感情を表す表現」「予想外な事態を表す表現」「無生物主語」を取り上げていきます。

1 感情を表す表現

「感情を表す表現」は、学校英語でもよく取り上げられるトピックです。ここでは学校英語とは別の側面から「感情を表す表現」を解説します。

STEP 1　日本語のストーリー

N	太郎はぎこちない手つきで包丁を持ち、ジャガイモの皮をむいています。
恵子	（大声で）そんな持ち方したら危ない。
太郎	（ビクっとして）お母さんの声のほうが危ないよ。**びっくりして指、切りそうになったじゃないか。**
恵子	ごめん、ごめん。

太郎「びっくりした」

　今回も太郎になったつもりで情景をイメージしながらやり取りをシミュレーションしてみましょう。ストーリー全体を2回ブツブツ言ってみてください。
　さて、それでは質問です。太郎の「びっくりした」の部分だけを英文にしたいと思います。どんな英文になるか考えてみてください。……思い浮かびましたか？　それでは次に進みましょう。

STEP 2　日本語のイメージ

「びっくりした」の英文としてI was surprised. を挙げる方は多いと思います。本書では第1章で受け身表現について解説をしているので、ピンときた方もいらっしゃるかもしれませんが、普通にアンケートを取ったら、大半がI was surprised. と答えると思います。

実は、このIを主語にもってきてしまうのも日本語の発想によるものです。その理由を探るために日本語のイメージを見てみましょう。

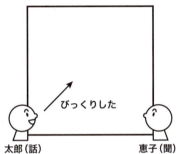

日本語の「びっくりした」には「私は」以外に省略されているものがあります。それは**びっくりすることになったきっかけ**です。当然ですが、何もないのにびっくりすることはありえません。必ずきっかけがあるはずなのです。

「何かの影響を受けて、びっくりした」。これは第1章で述べた日本語のリアクションモデルになっています。つまり、典型的な日本語の表現だということです。

さて、ここでまた質問です。今回の「びっくりした」で省略され

ているきっかけとは何でしょうか？ ストーリーをもう一度読んで考えてみてください。

　答えは恵子からの注意「そんな持ち方したら危ない」です。これに太郎は影響を受けて、びっくりしたわけです。

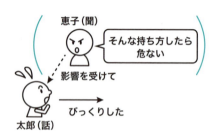

STEP 3　英語のイメージ

「びっくりした」を英語にしたとき I was surprised. と「I」から始めてしまう大きな理由は、日本語上できっかけ部分が省略されているからです。そのため、とりあえずびっくりした「私」を主語にしてしまうわけです。

　しかし、英語は真っ白なキャンバスに描いていく言語です。恵子の注意が影響を及ぼしているのであれば、それをちゃんと言葉にする必要があるのです。

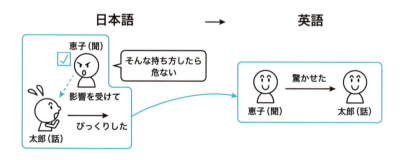

「恵子から影響を受けて、太郎はびっくりした」これを言い換える

と「恵子が太郎を驚かせた」となります。つまり、発信源「☑恵子」、行為「驚かせた」、宛先「太郎」と並べるわけです。

なお、日本語の「驚かせた」は太郎がびっくりしたことも含む表現です。「恵子が太郎を驚かした」だと、太郎がびっくりしたとは限らないので注意してください。（「恵子は太郎を驚かしたが、太郎は驚かなかった」という文章が成り立ちます。）

STEP 4 　英作文

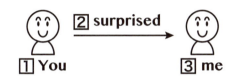

【1】恵子（聞）　　　　You
【2】驚かせた　　　　　surprised
【3】太郎（話）　　　　me

You surprised me.

surprise は「驚かせる」という意味です。

STEP 5 　英語のストーリー

仕上げにブツブツ言って、ストーリーを英語で上塗りしておきましょう。

> N　　　　Taro clumsily holds the knife and peels the potatoes.
> Keiko　　(Loudly) Holding it like that is dangerous.
> Taro　　 (Startled) Don't scare me like that. **You surprised me** and I almost cut myself.
> Keiko　　Oops, I'm sorry.

STEP 6　イメージトレース

　STEP 4　英作文のイラストを番号順になぞりながら、3回ほど英文を音読しましょう。

まとめ

「びっくりした」に代表される「感情を表す表現」は、そのきっかけが省略されていることがよくあります。このようなパターンでは、感情を抱くことになったきっかけが何なのかを考えて、そのきっかけを発信源にすることがポイントになります。英語では「きっかけ・原因」が重視されることを意識して頂ければと思います。

2 予想外な事態を表す表現

　日本語の「予想外な事態を表す表現」を、英語にどのように変換すればよいかイメージで確認しましょう。

STEP 1　日本語のストーリー

> 恵子　（何かに気づき）あれ？
> 太郎　どうしたの？
> 恵子　あんた、トンカツつまみ食いしたでしょ？
> 太郎　ううん。
> 恵子　とぼけても無駄よ。13 切れあったんだから。
> 太郎　**ばれたか。**

太郎「つまみ食いがばれた」

　今回も太郎になったつもりで情景をイメージしながら恵子とのやり取りをシミュレーションしてみましょう。ストーリー全体を 2 回ブツブツ言ってみてください。

　それでは質問です。「つまみ食いがばれた」を英文にしたいと思います。どんな英文になるか考えてみてください。

　今回のお題は元のストーリーから少し改変していますが、実は「つまみ食い」は重要ではありません。そうではなくて「ばれた」原因が何なのかが重要です。ヒントになりましたか？　……それではさっそく確認していきましょう。

STEP 2　日本語のイメージ

　「つまみ食いがばれた」の英文を考えたときに、つまみ食いに相当する英単語を主語にしようと思われた方は多いと思います。これもまた日本語の発想によるものです。その理由を日本語のイメージから確認してみましょう。

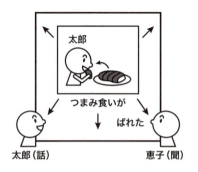

　日本語の「ばれた」はその場に何かが明らかにされたことを表します。場全体に影響を及ぼすという意味で、受け身の知覚表現「見える、聞こえる」に近い表現です。

　また「ばれた」は場全体に影響を及ぼすことから、それが自然に発生したようにも聞こえる表現です。ここから、**話し手である太郎のできる範囲を超えている**というニュアンスも出てきます。

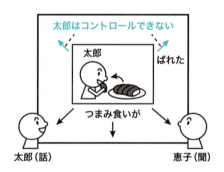

　このような話し手にとって予想外な事態であることを表す表現として、ほかに「パソコンが壊れた」「足が折れた」「コップが割れた」などがあります。共通しているのは「何かの影響を受けて、予想外の結果になった」という流れです。

　何の影響を受けたのか、日本語ではその原因が文脈に埋め込まれるため、ストーリーがなければわかりません。さて、ここでまた質問です。今回の「つまみ食いがばれた」原因とは何でしょうか？ストーリーを読んで考えてみてください。

答えは恵子がトンカツの数が合わないことに気づいたからです。これが原因でつまみ食いがばれたわけです。

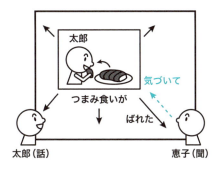

STEP 3　英語のイメージ

「恵子が気づいたこと」が原因で「つまみ食いがばれた」のであれば、**英語では原因「恵子が気づいたこと」をちゃんと言葉にする必要があります。**

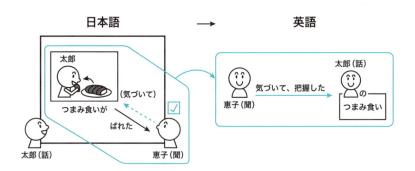

「恵子が気づいて、つまみ食いがばれた」これを言い換えると「恵子は太郎のつまみ食いに気づいて、把握した」となります。つまり、発信源「☑恵子」、行為「気づいて、把握した」、宛先「太郎のつまみ食い」と並べるわけです。

STEP 4　英作文

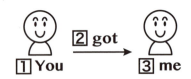

【1】恵子（聞）　　　　　　You
【2】気づいて、把握した　　got
【3】太郎（話）のつまみ食い　me

You got me.

　この英単語の置き換えにおいてポイントは2つあります。
　まず1つ目のポイントは「気づいて、把握する」という連続する行為が、got（getの過去形）という1つの動詞で表すことができることです。
　英語では、このような連続する行為を含む単語が相当数あります。動詞getもその1つで、そのコアイメージは「何かのアクションによって、自分のものにする」というものです。

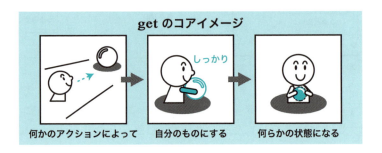

　本文のように「（太郎のつまみ食いに）気づいて、しっかりと把握した」ことを表現したいときには、ぴったりの単語だと言えるでしょう。

2つ目のポイントは「話し手（太郎）のつまみ食い」を me と表現するところです。英単語の me は「私」という意味だけでなく、「私のしたこと、言ったこと」も表します。

たとえば、「私の話をちゃんと聞いているの？」は、英語では Are you listening to me? と表現します。「私の言ったこと」が me で表現されているわけです。

STEP 5　英語のストーリー

仕上げにブツブツ言って、ストーリーを英語で上塗りしておきましょう。

Keiko	(Noticing something) Huh?
Taro	What is it?
Keiko	You ate a piece of the pork cutlet, didn't you?
Taro	No.
Keiko	Don't act like you didn't. There were 13 slices.
Taro	**You got me.**

STEP 6　イメージトレース

STEP 4　英作文のイラストを番号順になぞりながら、3回ほど英文を音読しましょう。

まとめ

「つまみ食いがばれた」に代表される「予想外な事態を表す表現」は、原因が省略されていることがよくあります。このようなパターンでは、予想外な事態になった原因が何なのかを考えて、その原因を発信源にすることがポイントになります。

3 無生物主語

英語に変換するときに無生物が主語になるパターンをイメージで確認しましょう。

STEP 1　日本語のストーリー

N	太郎の家では恵子が太郎の帰りを待ちわびています。と、そのとき救急車のサイレンが聞えてきました。恵子は心配そうに窓の外を見ます。
花子	オギャー、オギャー。
恵子	あら、花子、起きちゃったの？（心配そうに）まったく、**太郎は何やってんのかしら。**

恵子「太郎は何をやっている（のかしら）」

既出のストーリーですが、恵子になったつもりでまたブツブツ言ってみていただければと思います。ぜひ心配そうな気持ちを込めてシミュレーションしてみてください。

さて、それでは質問です。今回は日本語「太郎は何をやっている（のかしら）」に対応する英文として（I wonder) what Taro is doing. 以外の表現を考えてみてください。……思い浮かびましたか？　それでは次に進みましょう。

STEP 2　日本語のイメージ

「太郎は何をやっている（のかしら）」の英文として（I wonder) what Taro is doing. を挙げる方は多いと思います。しかし、この表現では「太郎の安否を心配している」というより、「太郎が余計なことをしていないか気になっている」ニュアンスになってしまいます。

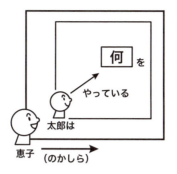

「太郎は何をやっているのかしら」という恵子のセリフは、額面通り「太郎がいまやっていること」を気にしているわけではありません。実際には「太郎は何に時間を食っているのかしら」と安否を心配する気持ちが含まれています。

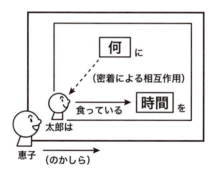

英語にするときにも、日本語のニュアンスが反映されている必要があります。そのため、恵子が心配している気持ちをより正確に表している「太郎は何に時間を食っている（のかしら）」を元に、英語への変換を考えていきましょう。

恵子「太郎は何に時間を食っている（のかしら）」

STEP 3　英語のイメージ

太郎の安否を心配するニュアンスを表すためには、**太郎が時間を食っている原因に焦点をあてること**がポイントになります。「太郎

は何に時間を食っている」を「何かから影響を受けて、太郎は時間を食っている」と捉えるということです。

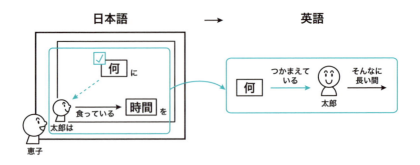

　また質問です。発信源は何でしょうか？……そうです、「☑何」ですね。このとき「太郎は何に時間を食っている」という意味に合うように「何かが太郎をそんなに長い間つかまえている」と置き換えます。こうして発信源「何」、行為「つかまえている」、宛先「太郎」、行為に上乗せする情報「そんなに長い間」を並べます。

　このように「何」を主語にして「太郎」を目的語にすることで、太郎にとっては不可抗力の出来事であり、自らの意志ではないというニュアンスを表せるようになるわけです。

STEP 4　英作文

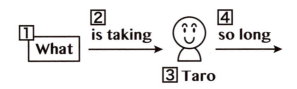

【1】何　　　　　　　　What
【2】つかまえている　　is taking
【3】太郎　　　　　　　Taro

【4】そんなに長い間　so long

What is taking Taro so long.

　この英作文におけるポイントは「つかまえる」という行為を、takeで表すことです。

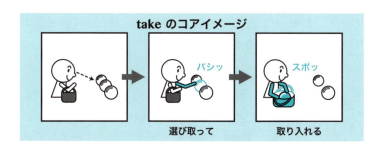

　本文のイメージは「手に取って、つかまえている」に近いものなので、takeがぴったり当てはまる単語になります。

STEP 5　英語のストーリー

　仕上げにブツブツ言って、ストーリーを英語で上塗りしておきましょう。

N	At Taro's house, Keiko is waiting impatiently for Taro to return, when she hears an ambulance siren. Keiko anxiously looks out the window.
Hanako	Wah, wah.
Keiko	Oh, Hanako, did you wake up?（Anxiously）Honestly, I wonder **what's taking Taro so long.**

STEP 6　イメージトレース

　STEP 4　英作文のイラストを番号順になぞりながら、3回ほど英文を音読しましょう。

まとめ

　日本語の「太郎は何に時間を食っているのかしら」はリアクションモデルになっています。「何かから影響を受けて、太郎は時間を食っている」という構図です。

　リアクションモデルを英語に変換するときには、発信源を起点としたアクションの連鎖にする必要があります。こうして発信源にwhat（何）をもってきてI wonder what's taking Taro so long.という英文ができあがります。

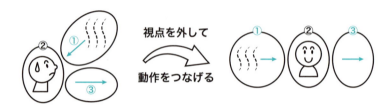

　このとき自然な流れで太郎は目的語（行為の宛先）に置かれることになり、太郎にとっては不可抗力の出来事であることも伝えることができるのです。この配置が偶然ではないことは、リアクションモデルからアクションの連鎖への変換イメージを見て頂くとわかると思います。言語というのはうまくできているのですね。

4 練習問題

次の問題文と日本語イメージから、英語イメージ・英作文を行いなさい。

問題1

> （映画館から出てきて）
> 大和　（鼻をグスグスさせながら）良い映画だったね。**俺、エンディングの映像と曲に感動して**、涙が止まらなくなってしまったよ。
> 智一　（鼻をすすって）ホンマになぁ。俺もあのエンディング曲が流れてる間、画面が見えへんくて困ったわ。
> 大和　エンディングの歌詞と映画の内容が合いすぎだよね。
> 智一　（青空を見上げながら）はぁ〜、良い映画やったなぁ〜。

■問題文
大和「あの場面に感動した」

■日本語のイメージ

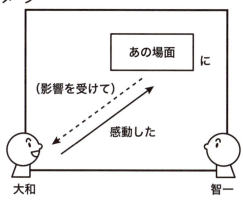

■英語のイメージ

記入欄

■英作文（以下に記入せよ）

_____

問題2

N	太郎が激しくトイレのドアをノックしています。
太郎	お父さん、早く出てよ。**漏れちゃうだろ。**
守	（トイレを流す音）漏れそうになるまで寝てるなよ。
太郎	うわ！ 臭っ！ 一体、何食ってんだよ。
守	ブツブツ言ってないで、さっさと済ませろ！ 遅刻するぞ。

■問題文

太郎「おしっこが漏れちゃう」

■日本語のイメージ

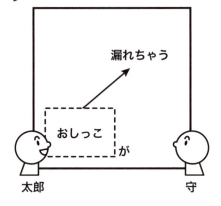

■英語のイメージ

```
            記入欄
```

■英作文（以下に記入せよ）

_____

問題3

N	風邪を引いてしまった大和。薬局に薬を買いに行きます。
大和	すみません、風邪薬がほしいんですけど……。
店員	どういった症状ですか？
大和	鼻水が止まらないのと、頭が重い感じがします。
店員	それでしたら、**この薬で良くなると思いますよ。**
大和	じゃあ、それをください。
店員	ありがとうございます。1200円です。

■問題文

店員「この薬で気分が良くなると思いますよ」

■日本語のイメージ

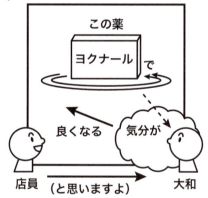

■英語のイメージ

```
┌─────────────────────────┐
│                         │
│          記入欄          │
│                         │
│                         │
│                         │
│                         │
│                         │
└─────────────────────────┘
```

■英作文(以下に記入せよ)

_____

解説1

■英語のイメージ

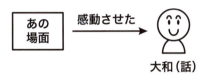

登場人物の中から「あの場面」を発信源として、発信源からの行為「感動させた」、行為の宛先「大和（話し手）」を並べます。

■英作文

【1】あの場面　　　The scene
【2】感動させた　　touched
【3】大和（話）　　my heart

The scene touched my heart.

touch は元々「触れる」という意味です。「心の琴線に触れる」イメージで touched my heart となります。

■英語のストーリー

(While coming out of the movie theater)
Yamato　(sniffing) It was a good movie. **The ending scene together with the song touched my heart** and I could barely hold back my tears.
Tomo　(sniffing) Yeah, me too. I could hardly see the screen during the ending song.
Yamato　The lyrics of the song was just perfect for the movie.
Tomo　(Looking at the sky) Yeah, it was a great movie.

解説2

■英語のイメージ

　登場人物の中から「太郎」を発信源として、発信源からの行為「我慢できない」、行為の宛先「おしっこ」を並べます。

　日本語の「漏れる」は、我慢していたおしっこが出てしまうこと。「我慢できずに、漏れてしまう」というニュアンスを含んでいます。英語に変換するときには、きっかけとなるこの「我慢できない」を行為として、その発信源として「太郎」を置きます。

■英作文

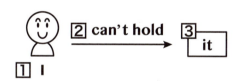

【1】太郎（話）　　　I
【2】我慢できない　　can't hold
【3】おしっこ　　　　it

I can't hold it.

■英語のストーリー

N	Taro bangs on the bathroom door.
Taro	Dad, hurry up. **I can't hold it anymore.**
Mamoru	(Toilet flushes) Then don't sleep in so late that you can't hold it.
Taro	Ugh! It stinks! What on earth did you eat?
Mamoru	Quit complaining and get on with it! You're going to be late.

解説3

■英語のイメージ

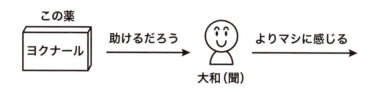

　登場人物の中から「この薬」を発信源として、発信源からの行為「助けるだろう」、行為の宛先「大和（聞き手）」を並べます。

　ポイントは、日本語の「この薬で」を「この薬が助ける」と読み替えること。これは助詞の「～で」が含んでいる「影響を及ぼす」ニュアンスに由来しており、薬なので「助ける」となります。日本語では、ほとんど意識されないような影響度合いですが、英語でははっきり発信源として設定することがポイントになります。

■英作文

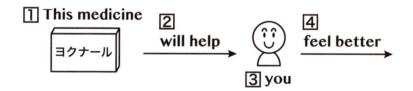

【1】この薬　　　　　　　　　　　This medicine
【2】助けるだろう　　　　　　　　will help
【3】大和（聞）　　　　　　　　　you
【4】（大和が）よりマシに感じる　feel better

This medicine will help you feel better.

■英語のストーリー

N　　　　　Yamato catches a cold. He goes to the pharmacy to buy some medicine.
Yamato　　Excuse me, I would like some medicine for my cold.
Pharmacist　What kind of symptoms do you have?
Yamato　　My nose is runny and my head feels heavy.
Pharmacist　Then I think **this medicine will help you feel better.**
Yamato　　Okay, I'll take this one.
Pharmacist　Thank you, that will be 1,200yen.

☕ Coffee Break

be surprisedの難しさ

今井　「感情を表す表現」のところで「びっくりした」がYou surprised me. になるという解説がありましたよね。

　これはI was surprised at your caution. みたいな文章と比べると、You surprised me. のほうがよりシンプルでわかりやすいから、僕的には納得できるんです。ただ、多くの人はI was surprised at your caution. のほうを使ってしまうと思うんですけど、こっちだと何か問題はあるんでしょうか？

遠藤　I was surprised at your caution. も英文として間違いではありませんし、通じますよ。一応、イラストで確認すると、次のようになります。

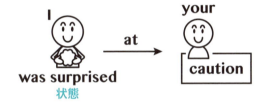

今井　あれ？　これは第1章のI was attacked by a dog. と同じような感じですね。

遠藤　そうです。「私は驚いた状態だった、あなたの注意において」のような感じになります。

今井　そうか、だから**回りくどい表現になる**んですね。

遠藤　あと前後の文とのつながりも見てみましょう。

> 恵子　（大声で）そんな持ち方したら危ない。
> 太郎　（ビクッとして）お母さんの声のほうが危ないよ。びっくりして指、切りそうになったじゃないか。
>
> Keiko　(Loudly) Holding it like that is dangerous.
> Taro　(Startled) Don't scare me like that. You surprised me and I almost cut myself.

　この You surprised me and I almost cut myself. をイラストにすると次のようになります。

　me と I がスムーズにつながっていますね。この文章を I was surprised at your caution and I almost cut myself にすると、次のようになります。

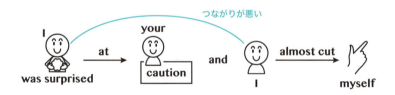

　1番目のIと2番目のIが遠くなって、つながりが悪くなっていますね。

今井　単体で考えたら成り立っても、話の流れとしては悪くなるんですね。

遠藤　そういうことです。ただ、be surprised がいつもだめというわけではありません。**ナレーションや客観的な表現のときは大丈夫**です。た

とえば、次のストーリーを見てみましょう。

> （ピーンポーン）
> 恵子　あらっ、だれかしら？　はーい、あらっ、信一くん（リビングに向かって）太郎、信一くんよー。
> N　　**太郎は信一の突然の訪問にビックリしました。**
> 太郎　どうしたの？
>
> (Sound of the doorbell)
> Keiko　I wonder who it is? Oh, hi, Shinichi. (Facing toward the living room) Taro, Shinichi is here!
> N　　**Taro was surprised at Shinichi's sudden visit.**
> Taro　What's up?

これは be surprised ですが、自然な英文です。

「ばれた」に込められたニュアンス

今井　「予想外な事態を表す表現」で「ばれた」の解説がありましたよね。これを聞いてて日本語は複雑だなぁと思ったんです。

遠藤　少し難しかったかもしれませんね。もう一回、振り返っておきましょう。

　まず「ばれた」は自然発生的なニュアンスが感じられる表現ですが、勝手に何かがばれることはありません。絶対にばれるきっかけや原因があります。しかし、日本語ではそれが話し手の予想を超えていたり、コントロールできない部分で起きている場合は、「ばれた」のような自然発生的なニュアンスを含む表現で表すわけです。

　なぜこのような表現形態が取れるかというと、日本語では話し手が場に埋め込まれているからです。**話し手視点を前提としているからこそ、話し手の予想や意図を超えているのか、それとも話し手の予想や意図通りなのかを区別する必要がある**とも言えます。

今井　例に挙げられていた「パソコンが壊れた」って、よくある会話ですよね。僕も大学の研究室にいたころ、よく後輩から「パソコンが壊れ

ちゃったんですけど……」って泣きつかれていましたが、「勝手に壊れるわけないだろっ、おまえ何やったんだよ」っていつも言ってましたもんね。

遠藤　「あるある」会話ですね。しかし後輩くんからすれば、「スタートボタンを押しただけなのに、青い画面になってしまって、いつもの画面にならない」というような現象は、予想や意図に反するわけです。それで「これは私の意図したことではない」と言いたくて、「壊れちゃった」という表現を使うわけですね。後輩くん的には「壊した」わけではないのです。

今井　言葉だけとったら「パソコン」と「壊れた」という表現しかありませんが、それを話している話し手が前提にあって、その人の予想と違っていたというニュアンスが含まれているってことですね。

遠藤　そういうことですね。だから、日本語は字面だけだとつかめないことが結構あるということです。

因果関係を取っ掛かりにする

遠藤　「太郎は何をやっているのかしら / What's taking Taro so long.」は、テーマに「無生物主語」と書いてありますが、わざわざそのような名前がつくくらい私たちには使いにくい用法なのです。

今井　僕もこのタイプの表現は苦手です。

遠藤　そもそも日本語は「人」を中心として描写する傾向があります。「何/what」と「太郎」という2つがあった場合は、「太郎は何をやっているのかしら」のように、人である太郎のほうを中心に描くわけです。

今井　太郎を中心にするというのは、太郎を主語にするってことですか？

遠藤　そうです。これは日本語が「誰かの視界」に入り込んで物事を描写することとも整合性がとれています。

今井　「人」を中心に物事を述べることと、そういう他人の視界に入り込んで表現することは相性がいいってことですね。

遠藤　そうです。そのうえで「人」と「無生物」が出てくるときは、日本語では「無生物」から影響を受けて、「人」がリアクションをすると

いう形式になるわけです。

日本語モデル「リアクション」

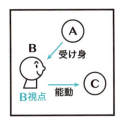

矢印が向かってきて、それに反応する

今井 「暑さ」の影響を受けて、「体がだるい」ってやつですね。

遠藤 ここでポイントになるのが、「暑さで」という原因部分が日本語では重要視されないことです。

今井 そもそも省略することもよくありますね。「だるい〜」で十分通じますから。

遠藤 その場に一緒にいれば暑いことも共有しているので、わざわざ言わないですよね。わざわざ言うのは共有できていないと感じた場合です。しかし、英語にするときには、その原因部分を意識することが重要になります。それが発信源になるわけですから。

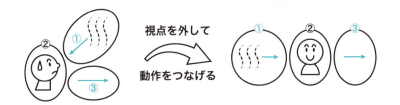

今井 実は僕も似たことをやっています。いまでも英会話で主語に何をもってきたらいいかわからなくなることがあるんですが、そういうときは**原因が何なのかを何回も自問する**ようにしているんです。「それ誰がやったの？　何がやったの？」みたいに責任や原因を追及する感じです。例文の「太郎のつまみ食いがばれた」が言いたければ、「誰

がばらしたの？」って考えて「あっ、恵子がやったんか」って感じで、恵子を主語にもってくるわけです。

　あと、太郎がトイレに入ったときに言った「臭っ！」も同じように「誰が臭くしてんの？」と自問するわけですけど、あいにく何も答えが出てこないじゃないですか。こういう場合は、it などを使うことにしてるんです。

遠藤　それはとてもいいやり方ですね。そう意識していると、無生物主語の英文も言いやすくなりそうですね。

今井　英語って主語さえ間違えなければ、あとは意外とスルスル出てきたりしますからね。あと個人的にですが、**主語で詰まるたびにそういう原因を意識するのは、因果関係をつかむ良いトレーニングにもなっています。**

遠藤　英語が論理的な言語だと言われるのも、こういうところが反映しているのかもしれません。この本のメッセージは「モノの見方を変えよう」だったわけですが、因果関係を意識することをその取っ掛かりにしてもらえたらいいかもしれないですね。

第4節　まとめ

　第3章では基本変換として「登場人物を場に出す」「中心から周辺へ」「発信源に注目する」を扱いました。これらが英語のイメージの基礎基本となるので、これだけでも身につけていただけたら、かなり英作文が楽になると思います。

　基本変換の次には、日本語から英語のイメージへ変換するにあたって、文の要素を変えないといけないパターンを学びました。具体的には、「受け身の知覚表現」「存在表現」「場の背景」です。これらはすべてバラバラの内容のように感じられたかもしれませんが、共通していることがあります。
　日本語に受け身の知覚表現（「見える」「聞こえる」）があること、「ある」に代表される存在表現が多く使われること、場の背景が省略されること。これらは日本語に「話し手視点」が前提としてあることが影響しています。
　そして**話し手の視界を元に物事を描写するからこそ、話し手との関係性が自然に発生し、「ある」「臭い」などの静的な表現でも、何らかの関係性や動きのニュアンスを表すことができる**わけです。

　最後は「感情を表す表現」「予想外な事態を表す表現」「無生物主語」を扱いましたが、これらにも共通していることがありました。それは、きっかけや原因の存在です。
　日本語では、きっかけや原因は当たり前のこととして省略するのが普通です。第1章で述べたリアクションモデル「矢印が向かってきて、それに反応する」で言えば、矢印が向かってくるところは場に埋め込んでしまい、反応した内容だけを述べるわけです。

　このようになる理由ですが、話し手視点で言えば、矢印が向かってくるところは話し手がコントロールできる部分ではありません。

そのため、話し手としては「言っても仕方がない」という感覚があることも影響しているのだと思います。
　しかし、英語ではここまで述べたような話し手の視界を前提としていません。そのため、きっかけや原因を発信源として表現しないと、何の脈絡もなく突然反応しているような表現になってしまうわけです。
　また英語では、発信源に「きっかけや原因」を、行為の宛先に「人」をもってくることで、その人にとっては不可抗力な出来事であったというニュアンスを表すことができます。
　The heat makes me tired. で言えば、me は行為の宛先になっています。このようにすることで、me（私）にとって意図していない出来事であることを表しているわけです。
　炎天下の中、発せられる「だるいー」という日本語。それに対応する The heat makes me tired. という英語。それぞれ形式はまったく違いますが、イメージを描くことで、そこからわかる言語特性がいくつもあることが、おわかりいただけたのではないかと思います。

☕ Coffee Break

英語に変換できない「迷惑受け身」

遠藤 ここまで日本語から英語への変換を見てきましたが、英語に変換できない日本語もあります。その代表が「迷惑受け身」というものです。

今井 なんだか面白そうな名前ですね。何ですか、その迷惑受け身って？

遠藤 今井くんは変なところに食いついてきますね（笑）　迷惑受け身というのは、たとえば「お父さんにケーキを食べられちゃった」や「雨に降られた」のような受け身を表す文章のことです。このニュアンスが英語ではうまく表現できないのです。

太郎　（鼻歌を歌いながら冷蔵庫を開けて）……えっ、ちょっと！　俺のケーキがないよ！

恵子　えー、私は知らないわよ。

太郎　となると、父さんだな。くっそー、あのケーキ楽しみにしてたのに。ちょっと母さん、**父さんにケーキ食べられちゃったんだけど！**

恵子　そんなこと言われても私は知らないわよ。お父さんに言いなさい。

「父さんにケーキを食べられた！」

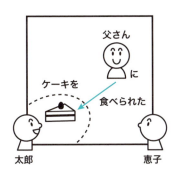

今井　英語だと Dad ate my cake. みたいな表現にしかならないですね。言い方でカバーできる部分もあるとは思いますが、文面からは日本語にあった「被害を受けている」感じはなくなりますね。

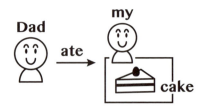

遠藤　被害を受けている感じは、セリフを追加することで表現するしかないですね。

今井　Dad ate my cake. It's irritating!（お父さんが僕のケーキを食べた。それにイライラさせられている）のような感じですね。

　あっ、それで思い出しました。僕が英会話初心者の頃に心がけていたのは、1回で言おうとしないということでした。1回で言おうとすると、英文が作れなくなるんです。だから短い文をたくさん話すようにしていました。そのときは「自分の英語力がないから仕方ない」と思っていたんですが、そもそも1回で表現できないものも含まれていたのでしょうね。

遠藤　日本語だと「ケーキを食べられちゃった」という1つの文章で、「お父さんがケーキを食べたこと」と「私が迷惑だと感じていること」の2つを表現できますが、英語だとそれができないですからね。

今井　逆にネイティブからすると、この「迷惑受け身」の感覚は日本語を勉強しないとわからないことですよね。

遠藤　そうですね。**迷惑受け身のニュアンスを英語で正確に表現するには、ダラダラと説明しなくてはいけません。**ジブリ映画に代表される邦画が英訳されたときに面白くなくなってしまうのは、こういうところが原因かもしれませんね。

今井　興がそがれるみたいな。

遠藤　説明を加えようとすると理屈っぽくなってしまって、話のスムーズな流れを邪魔することになりますからね。

今井　僕がこれまでネイティブに日本語のジョークを言ったときに、いまいち面白さが伝わってなかったのは、そういうところもあったのかもしれませんね。

遠藤　そうかもしれません。もちろんこの逆のパターンで、英語ではストレートに言えることが日本語ではストレートに言えないこともありますよ。

今井　僕が「これ、すごく面白い！」と感じる英語のジョークも、日本語にしたら急につまらないものになることがしょっちゅうあります。

遠藤　ジョークはその言語の特性に依存している部分が大きいからでしょうね。英語のジョークの面白みは、英語という言語の中にあるのだと思います。

今井　そういうことかぁ。

遠藤　**英語のジョークが面白いと思えるようになれば、それは英語そのものに慣れてきたと言ってよいでしょうね。**

今井　それはそうだと思います。実際に僕は英会話に慣れてきた頃、英語のジョークを覚えることで英語をブラッシュアップしていきましたから。ネイティブの感覚が直接つかめるし、ネイティブとの会話でも使えるってことで一石二鳥でしたね。

おわりに

　2013年10月に出版した『英会話イメージリンク習得法』をイメージで理解する英文読解のための本だとすれば、この『英会話イメージトレース体得法』はイメージから英文をつくる英作文のための本です。

　ネイティブが母国語として英語を習得していくときは、目の前に状況があり、その状況に応じた英文をつくります。英文の正否は話し相手に通じたかどうか、話し相手からのフィードバックで判定されるので、自然とコミュニケーションに適した表現ができるようになっていきます。

　しかし、多くの日本人学習者はそのようなフィードバックを得られる環境にはありません。だからこそ、英語学習本で英語を学ぶわけですが、これまでの英語学習本は上からルールを押し付けるだけで、日本人に寄り添うものになっていないと感じていました。
　そのような反省があったので、本書ではあえて日本人が慣れ親しんでいる日本語のイメージからスタートして、英語の世界観に沿うように変換するというアプローチを取りました。

　英会話ができるようになるために最も重要なことは「使える英文を増やす」ことです。英文の構造がわかっていなくても、適切に使えるのであればそれでいいのです。既に使いこなせている英文まで本書の手順を踏んで英作文し直す必要はありません。

一方で、まだしっくりきていない英語表現は日本語とのモノの見方の違いが原因になっていることが多いものです。この場合、日本語のモノの見方のままでは、いくら頑張っても吸収できません。変えるべきところを突きとめ、英語表現とともに英語のモノの見方を徐々に身につけていく必要があるのです。

　残念ながら、本書を読んだからといって、すぐに英語のモノの見方が身につくわけではありません。また何もしなければ、学んだ英語のモノの見方も薄れていってしまうでしょう。

　英語のモノの見方を維持するためにも、ぜひ英語に触れ続けるようにしてください。英語の本を読むのでも、英語のポッドキャストや英会話教材を聞くのでもかまいません。オンライン英会話や英会話教室を利用するのもいいでしょう。

　そして1日1つだけでいいので「実際に使ってみたい英語表現」を書き留めていってください。ノートでもいいですし、携帯電話や手帳に記録していくのも手軽で良い方法です。通勤のルーティンにすれば、無理なく習慣にすることができるでしょう。1年経てば、たくさんの「あなたが使ってみたい英語表現」が蓄積できます。

　本書を読んで、日本語も英語も面白いと感じていただければ、著者として望外の喜びです。本書を含む私の書籍・教材・記事が、みなさんの英会話習得のお役に立てることを願っております。

遠藤雅義

※英会話エクスプレス出版では『英会話ライフログ』という1日1つ「実際に使ってみたい英語表現」を書き留めていける記録シートを無料で配布しています。詳しくは出版社サイトをご覧ください。

http://www.eikaiwa-express.com/

おまけ ─「英会話エクスプレスシリーズ」のご紹介

今井　英会話ができるようになりたいと思っている人は多いですが、実際にできるようになる人は少ないと感じています。なぜなんでしょうか？

遠藤　様々な要因が考えられますが、一番の原因は多くの人が思っている**「英会話ができる」基準が高すぎる**ことだと思います。

今井　いわゆるペラペラですね。

遠藤　私はペラペラを基準にするのではなく、「相手に伝わる」ことを基準にしてほしいと思っています。ペラペラを目指すのが悪いわけではありませんが、もっと身近なところにゴールを設けないと続けられないと思うからです。

今井　ペラペラを基準にするのって、現状をマイナスと捉える発想ですよね。気持ちはわかりますが、発音も単語も文法も完璧にするなんて途方もないことだと思います。相手に伝わったらそれで良しとするほうが健全ですね。伝わるたびにプラスにできますし。

遠藤　その通りですね。私は**英会話は総合力**だと思っています。自分が持っているものを組み合わせて、相手に伝わるハードルを越える「走り高跳び」のイメージですね。

　大切なのは、ひとつのスキルだけを強化しないことです。助走だけを鍛えても、ハードルを越えられるとは限りません。むしろ助走に力が入りすぎて、成績が悪くなる可能性のほうが高くなると思います。

今井　野球選手で上半身だけ鍛えたために、下半身とのバランスが崩れてパフォーマンスが下がった話も聞きますね。

遠藤　英会話でいえば、発音だけを練習したり、単語だけを何千個も暗記するようなパターンです。はっきり言って、初心者であれば特定スキルだけを伸ばすのは百害あって一利なしです。全体を見渡したとき、**特定スキルが突出しないように押さえることも時には必要**なのです。

今井　難しい単語を知っているのに発音や文法がめちゃくちゃな人は身

近にたくさんいますね。受験勉強の弊害なんでしょうけれど。

遠藤 そういう人は発音や文法レベルに合わせて、使う単語を制限したほうがいいでしょうね。たとえば、1500 語だけで英文をつくるようにするなどです。極端なことのように感じるかもしれませんが、全体のバランスをとることが重要なのです。

今井 しかし、書店に並んでいる本はジャンルに特化しているものが多いですよね。発音なら発音だけで 1 冊、英単語なら英単語だけで 1 冊。全体をバランスよく伸ばすには、どういうものをやればいいのでしょうか。

遠藤 私のおすすめは音読です。**音読は、発音も単語も文法もすべて含んでいて、総合力を底上げするのにうってつけ**です。

今井 うーん、音読ですか……。なんとなく腰が引けてしまうんですよね。

遠藤 今井くんは英語のジョークを練習していたと言っていましたが、ネイティブ相手に使おうと思ったとき、音読めいたものはしませんでしたか？

今井 それは練習しましたよ。ジョークは落としどころでちゃんと落とさないといけないですから。音読って、そんなのでいいんですか？

遠藤 むしろ本来はそうあるべきでしょうね。音読が退屈になるのは、何のためにやっているのかわからなかったり、うまくなっている実感が得られなかったりするときです。

今井 ノルマだと感じたら、途端に嫌になりそうですね。

遠藤 10 回、20 回とただひたすら音読できる人はいいのでしょうけれど、そんな人ばかりではありません。もう少し緩いレベルで音読を捉えておかないと、すぐに挫折してしまうでしょうね。

今井 英語のジョークもそうですけれど、興味のないジョークまで音読しろと言われたら、僕は全力で拒否する自信があります（笑）

遠藤 興味がないものは流していいんです。「使える英語を増やす」ことに照らせば、使わなさそうな英語など積極的に眼中から外すべきです。そこに労力を注いでも、結局使わないのですから。

今井 なるほど！　もしかして、遠藤さんがつくった「英会話エクスプ

レスシリーズ」って、その音読ができる教材なのですか？

遠藤 さすがは今井くん。私が最後にどうしても伝えたかった核心の質問をしてきますね。実は「英会話エクスプレスシリーズ」は元々、音読教材としてつくったものなんです。「英会話エクスプレスシリーズ」をご存じない方のためにざっと説明すると、

・日本人が「あるある」と感じる物語をベースに
・音読練習と英会話に役立つ解説を組み合わせた効率的な学習メニューを
・継続できるように1日15分で終わるようにまとめた

そんな教材です。

今井 音読教材というとほかにも一般書籍が出ていますが、それらと何が違うんですか？

遠藤 **ひと言で言えば緩い**です。ほかでは音読回数が指定されているのが普通ですが、「英会話エクスプレスシリーズ」では音読回数の指定はありません。

今井 なぜ指定していないのですか？ ほかが指定するには、それなりの理由があると思いますが……。

遠藤 いまの日本で推奨されている音読方法は、國弘正雄氏が提唱した「只管朗読」をベースにしています。只管朗読とは、ただひたすら音読するというもので300回が目安です。

今井 300回!? 僕は確実にドロップアウトしますね。

遠藤 300回も繰り返すのは、理屈ではなくて体に叩き込むためだと思います。私自身300回ではありませんが、100回繰り返す音読練習を3ヶ月に渡って行ったことがあります。実際にそのとき回数をこなしていくうちに、なんとなく英語の流れがわかるようになりました。回数を指定している理由も、このあたりにあるのだと思います。ただ、時間がかかりすぎるので、私も4ヶ月目以降は音読回数を減らさざるを得ませんでしたが。

今井 すごい忍耐力ですね。しかし、それならなおのこと、なぜ「英会話エクスプレスシリーズ」では回数を指定していないのですか？

遠藤 私がつかんだ英語の流れですが、音読しなければつかめないものだとは思えなかったからです。**音読と解説を併用したほうが絶対に効率**

的だと思ったのです。

今井　確かに。答えがわかっているなら、それを前提に学習したほうがいいに決まっています。なにもみんなで車輪をもう一度発明する必要はないですね。

遠藤　逆にいえば、ほかの音読教材は「音読」にこだわりすぎているのです。純粋に音読することだけを考えると、解説はなるべくないほうがいいですから。

　しかし、さきほど英会話は総合力と言いましたが、音読だけにこだわる必要はないのです。音読も解説もうまく組み合わせるべきです。

今井　それを聞いて思い出したんですが、聞き流しってよくやり玉に挙がりますよね。聞き流しで英会話ができるようにはならないって。

　しかし、僕は聞き流しも悪くないと思うんです。それだけでは英語力は伸びませんが、英語に触れ続けることに意味はあると思うからです。

遠藤　まったくその通りです。いつも前のめりに学習できるわけではありません。**モチベーションが落ちても継続できるように受け身学習も組み込んでおくべき**だと思います。

　我田引水ですが、「英会話エクスプレスシリーズ」では「リスニング教材mp3」というコンテンツも提供しています。ネイティブの感覚の解説も入っているので、「リスニング教材mp3」だけでも英語力を伸ばせるようにしています。英語学習が軌道に乗るまでの間のつなぎとして、ぜひ活用してほしいですね。

今井　なるほど。そう考えると英会話教材と銘打つ理由もわかる気がします。

遠藤　「英会話エクスプレスシリーズ」について詳しくは出版社サイト（http://www.eikaiwa-express.com/）で紹介しています。ご興味ありましたら、ぜひご覧ください。

参考文献

野矢 茂樹, 西村 義樹
『言語学の教室 哲学者と学ぶ認知言語学』
中公新書, 2013

　第2章「〜の」の解説は、こちらの「参照点理論」から着想を得ています。認知言語学の入門書という位置付けですが、奥深い内容を含んでおり、言語学の面白さを再認識させてくれました。「生成文法」「プロトタイプ」「メトニミー」など難しい言語学用語が出てきますが、対談形式ということもあり、わかりやすく解説してくれています。認知言語学に興味がある方は、ぜひお手に取っていただきたい一冊です。

荒川 洋平
『日本語という外国語』
講談社現代新書, 2009

　「日本語の文章をイメージ化すること」は、こちらの本から着想を得ています。日本語を外国語のように捉えてみたら、意外と日本語はシンプルに出来ていることに気づかされました。現代日本語の文法をざっくり捉えるのに最適な本で、「私も外国人に日本語を教えられるかもしれない」と思わせるような一冊です。

池上 嘉彦
『英語の感覚・日本語の感覚―"ことばの意味"のしくみ』
NHKブックス, 2006

　第3章の解説テーマを選ぶにあたって、こちらの「第6章 言語の普遍性と相対性」で取り上げられていたテーマを参考にさせてもらいました。こちらは放送大学ラジオ講座を元にしているため、章ごとにテーマが異なっています。そのため最初から読むというより

は、興味のあるテーマを拾い読むということでよいかと思います。私のおすすめは「第３章 文法と意味」と「第６章 言語の普遍性と相対性」です。

　そのほかにも参考にさせていただいた書籍はたくさんありますが、それらを読んだ感想として、総じて認知言語学はまだまだ文字に頼りすぎていると感じました。

　学問として厳密性を求められている部分もあるとは思いますが、認知言語学はせっかくこれまでの枠にとらわれない新しいジャンルなので、もう少しイメージを組み込んだ研究が進められることを期待しています。

スペシャルサンクス

◎**編集・編集協力**
今井浩介、松原孝臣、綱嶋晴久、飯田誠司

◎**英文制作・校正**
伴誠子、中村友哉、Victoria Bloyer

◎**表紙装丁**
sunny-side、シナノ出版印刷

◎**イラスト（挿絵）**
jyuri-

◎**校正**
山口晴代

◎**DTP**
シナノ出版印刷

著者紹介

遠藤雅義（Masayoshi Endo）

1980年生まれ。徳島県出身。東京大学理学部数学科卒。現在、英語関連書籍、教材の開発・販売を手掛ける株式会社アイディアミックス代表。2012年から在野で英語研究を開始する。専門は認知言語学。著書に『英会話イメージリンク習得法』『英会話エクスプレスシリーズ』（英会話エクスプレス出版）がある。

英会話イメージトレース体得法
英文の詰まりをスッキリ解消！
イメージをなぞって身につける英語発想

2017年2月13日　第一刷発行

著者	遠藤雅義
発行人	遠藤雅義
発行所	英会話エクスプレス出版 （株式会社アイディアミックス内事業部） 〒770-0844　徳島県徳島市中通町1-20 cube-g中通町405 TEL　050-3754-1896（株式会社アイディアミックス代表番号） FAX　050-3730-8091 ホームページ　http://www.eikaiwa-express.com/
印刷・製本所	シナノ出版印刷

乱丁・落丁本はお取り替えいたします。本書の一部あるいは全部を無断で複写複製することは、法律で認められた場合を除き、著作権の侵害となります。定価はカバーに表示してあります。

ISBN 978-4-9907223-1-9 C0082 © 2017 Masayoshi Endo Printed in Japan